三橋貴明

マクロ経済政策入門

黄金の拘束衣を着た首相

なぜ安倍政権は緊縮財政・構造改革を推進するのか

飛鳥新社

黄金の拘束衣を着た首相

黄金の拘束衣を着た首相◆目次

はじめに

２０１４年12月14日。第47回総選挙の投開票が実施され、自由民主党、公明党の連立与党が勝利。衆議院の三分の二を超える議席を獲得し、安倍政権が「第三次安倍政権」として継続することが確実になった。

第三次安倍政権の経済政策における「最大の課題」は、選挙中はもちろんのこと、選挙前から指摘されていた「実質賃金の引き上げ」である。

14年10月時点で、日本国民の実質賃金は「所定内給与」で16カ月連続、「きまって支給する給与」では、何と18カ月も「対前年比下落」の状況が続いている。新たに発足する第三次安倍政権は、果たして「黄金の拘束衣」を脱ぎ捨て、国民の「豊かさ」を追求する実質賃金引き上げ政策を採れるだろうか。正直、その可能性は低いと断ぜざるを得ない。黄金の拘束衣とは、まさに本書のテーマであるが、ここでは、

「国民の所得(実質賃金)のためではなく、グローバル資本のための政策を実施させるために、各国の政策担当者に着せられた呪い」

とでも、ご理解頂きたい。

筆者は、現在の日本の政界について、「コトラーの競争地位別戦略」のチャートを用いるとわかりやすいと考えている。

コトラーの競争地位別戦略は、元々は市場で競合する企業同士の関係と戦略を示したものである。政治の世界にそのまま適用していいかどうか、正直、確信は持てない。単に、個人的には上記のチャートを使うと、日本の政治状況が「わかりやすくなる」と思っているに過ぎないので、ご承知おき頂きたい。

現在の日本の政界において、質的、量的共にリソースが十分な「リーダー」は、もちろん自由民主党である。リーダーは、基本的に挑戦を受ける立場であるため、フルライン戦略あるいは同質化戦略を採用する。

第47回総選挙における自民党の公約は、膨大な数（項目数が何と296！）の政策を優先順位も整合性も無視して突っ込んだ「全部乗せ」であった。自民党の公約は「リーダー」の振る舞いとしては間違っていないのかも知れないが、「政党」として正しいかどうかは疑問である。何となく「聞こえがいい政策」を片端から詰め込んだ公約を掲げ、政策間の整合性も問わないのでは、「公約の品質」は間違いなく劣化してしまう。

コトラーの競争地位別戦略

量的経営資源 → / 質的経営資源 ↓	大	小
大	リーダー（フルライン戦略）	ニッチャー（ニッチ戦略）
小	チャレンジャー（差別化戦略）	フォロワー（模倣戦略）

　さて、日本の政界における「ニッチャー」は、これは文句なしで共産党になる。ニッチャーはニッチ（隙間）の市場で生き延びることが戦略であり、端《はな》からリーダーになろうなどとは考えていない。

　そして、フォロワーが維新の党になる。維新の党の選挙公約を見ると、自民党の公約集に曖昧な表現で書かれている構造改革的な政策を先鋭化させた形になっている。「より分厚い黄金の拘束衣」を着こんだ自由民主党のフォロワーこそが、維新の党というわけである。

　それでは、リーダーに「差別化戦略」を掲げて挑むべきチャレンジャーは、果たしてどの党なのか。それが、問題なのだ。現在の日本の政治の問題は、与党よりも「チャレンジャー」たる野党、つまりは国民が政権を任せることを「考えても構わない」野党が存在していないことなのである。

果たして、民主党はチャレンジャーだろうか。民主党の役割は、個人的には日本において「二大政党の夢」を崩壊させた時点で終わったと考えている。２００９年までの日本では、一応、「二大政党制」が模索されていた。すなわち、当時の民主党は「自民党に代わりうる存在」として見なされていたのだ。

実際に、政権交代し、いかなる事態になったのか。改めて書くのもバカバカしいわけだが、現実問題として我が国の政界には、与党に「挑戦」できるチャレンジャーが存在しない。結果、有権者に十分な選択肢が与えられていない。

少なくとも現在の日本において、「黄金の拘束衣を着た男」に率いられたリーダーに挑むべき政党は、黄金の拘束衣を身にまとっていてはならないのだ。すなわち、デフレを深刻化させる財政均衡主義から脱却し、さらには国民を貧困化させ、同時に所得格差を拡大させる構造改革系の政策を否定する政党でなければならないのである。

残念ながら、現時点では「黄金の拘束衣」を否定するチャレンジャーたる政党は存在せず、上記の問題を認識している政治家も少ない。

とはいえ、ゼロではないのだ。

経済をデフレ化させ、国民を貧困化に追い込む「黄金の拘束衣の黄金律」の問題を認識している政治家は、まだまだ少数派とはいえ、確実に存在する。そして、彼らにパワーを与え、「国民を豊かにする」政策を実施させるためには、国民自身もまた「黄金の拘束衣の黄金律」の間違いについて学び、理解する必要があるのだ。

本書を刊行することで、問題を正しく認識する政治家、国民が増え、我が国が早期の段階で黄金の拘束衣を脱ぎ捨て、再び繁栄への道を歩き始めることができればと願ってやまない。

1 黄金の拘束衣を着た男

衝撃の数字

２０１４年11月17日。内閣府が14年７－９月期のＧＤＰ成長率の速報値を発表した。大げさでも何でもなく、日本中に衝撃が走った。

筆者は、13年10月１日に安倍晋三内閣総理大臣が14年４月の消費増税（消費税率を５％から８％へ引き上げ）を発表したとき、

「日本経済は、来年４月に国民経済の崖に突き当たることになるだろう」

と、様々なメディアで書いた。

実際に、消費増税が強行された14年４月以降、日本経済は「崖」から突き落とされた状態に陥ってしまったのだが、正直に書こう。14年の消費増税以降の日本経済の落ち込みは、筆者の想像を超えていた。

まずは、14年４－６月期の実質ＧＤＰが、確報値でマイナス７・１％（年率換算）成長に終わった。何と、東日本大震災が発生した11年１－３月期（マイナス６・９％、年率換算）をも上回るマイナス成長になってしまったのである。

「苛政は虎よりも猛なり」

という感想以外、心に浮かんでこなかった。

それにもかかわらず、日本政府は14年7月以降、

「4－6月期の景気の落ち込みは、消費増税前の駆け込み消費の反動が出たに過ぎない。

7－9月期はV字回復する」

と、繰り返した。

結果は……。

◆14年7－9月期　日本の経済成長率（速報値段階）
実質GDP　対前期比マイナス0・4％　年率換算マイナス1・6％
名目GDP　対前期比マイナス0・8％　年率換算マイナス3・0％

政府が目論んだ「V字回復」は、夢と消えた。

筆者は自らのブログ「新世紀のビッグブラザーへ」の14年10月1日のエントリー「あれから一年が経ち……」において、

「さすがに7－9月期が対前期比で『マイナス成長』などということにはならないとは思いますが、いずれにせよ政府が目論んでいた『V字回復』は現時点で完全に不可能になってしまいました」

と、書いたわけだが、現実は2四半期連続のマイナス成長だったわけである。

実質GDP（年率換算）マイナス1・6％という値も衝撃だが、それ以上にショックだったのは「名目GDP」が前期比0・8％のマイナス、年率換算で3・0％もの減少になってしまった事実である。

実質GDPの下落率を、名目GDPの下落率が上回っている。すなわち、GDPデフレータが、再びマイナス（対前期比マイナス0・3％）に落ち込んだ。

我が国は、再びデフレ化の道をたどっていることになる。

どんどん貧しくなる日本国民

次章で解説するが、デフレの原因は「総需要の不足」である。そして、総需要とは「名目GDP」そのものだ。安倍政権は、2014年4月に消費増税を強行したことで、97年（橋本龍太郎政権時）の消費税増税期同様に、我が国の名目ＧＤＰを「再び」縮小の方向に導いてしまった。

しかも、今回は前回よりも名目ＧＤＰの「縮小開始」の時期が早い。

次ページ【図1】で明らかなように、前回の増税時は、97年4月の税率アップ（3％→5％）後も名目ＧＤＰは増え続けた。名目ＧＤＰがマイナス成長になり、総需要の不足が本格化したのは、98年の1－3月期からなのである。

それに対し、今回は消費税率を5％から8％に引き上げた4－6月期に、いきなり名目ＧＤＰが縮小した。総需要縮小までの猶予すら、14年4月増税では与えられなかったわけだ。なぜ、14年の増税の悪影響が、97年よりも早期に出たのだろうか。国民が稼ぐ所得から物価変動を除いた指標、すなわち実質賃金と、家計貯蓄率から説明できる。

実質賃金とは、名目（金額）で見た賃金から、消費者物価指数を除することで求められる。物価の変動率の影響を取り除くことで、実質的に国民が豊かになるかどうかを測ることができるのだ。

例えば、賃金が5％ずつ増えていたとしよう。その反対側で、消費者物価が10％ずつ上昇している場合、国民は実質的には「貧しくなっている」といえる。何しろ、労働者が稼

図1　96年−98年、13年−15年の名目GDPの動き

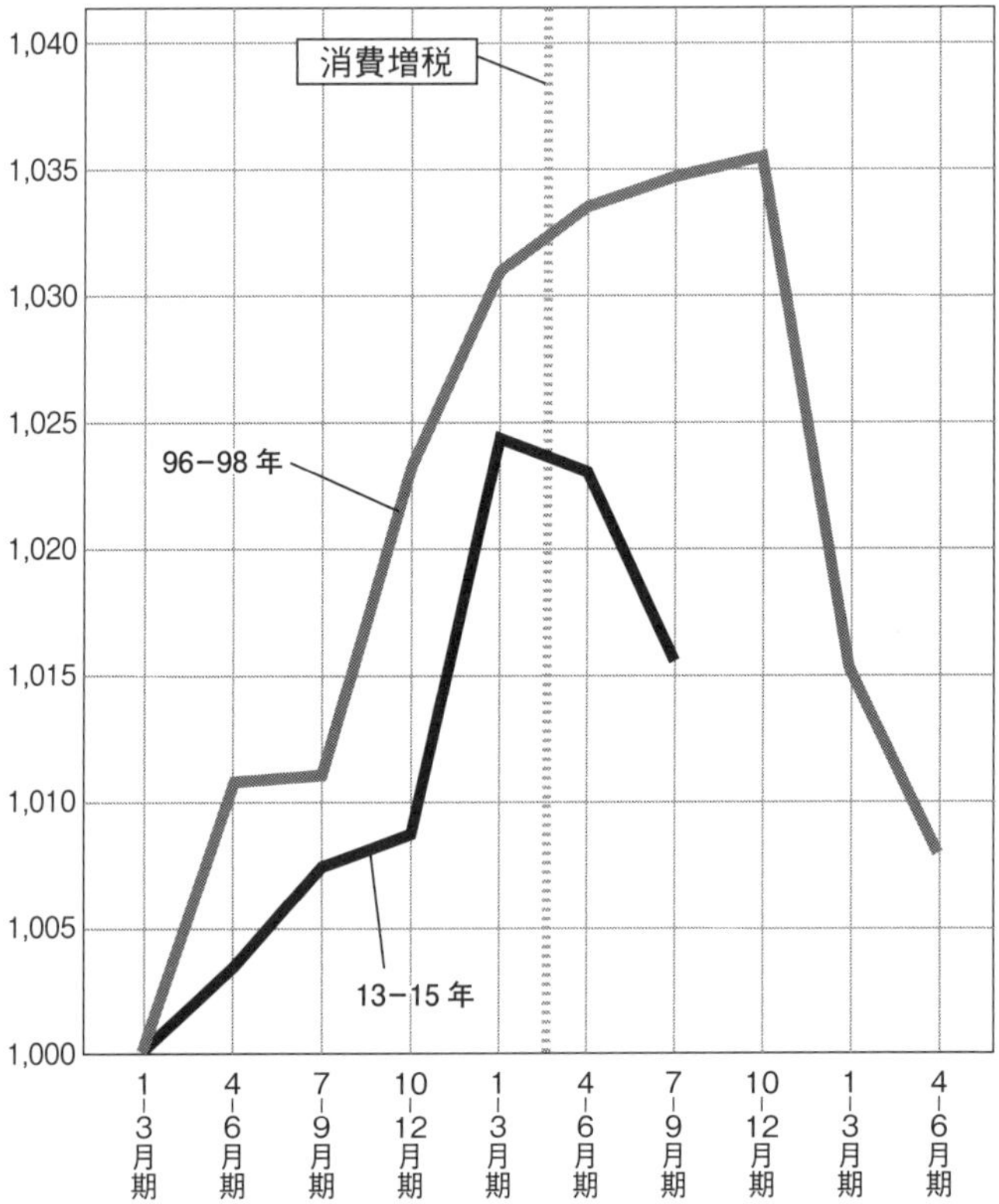

出典：内閣府
※それぞれ96年、13年の1-3月期が1。14年7-9月期は速報値

ぐ賃金で「買えるモノ、サービス」が減っているわけである。

逆に、賃金の上昇率がゼロであったとしても、消費者物価指数が下落していくならば、労働者は実質的には所得が増えていることになる。すなわち、次第に「豊かになっていく」わけである。

また、家計貯蓄率とは、国民の可処分所得（税金、社会保険料などを除いた所得）から、何パーセントを貯蓄（預金、借金返済など）に回したかを示す指標だ。筆者が使う家計貯蓄率は、「国民全体」の指標であり、年金受給者なども含まれている。企業等で働いている雇用者の貯蓄率ではないため、注意して欲しい。

当然ながら、年金受給者は貯蓄率が低い。年金受給者を家計貯蓄率に含むと、全体の貯蓄率は押し下げられる。ともあれ、家計貯蓄率の趨勢《すうせい》を見ることで、長期的な家計の「余裕」の変遷は確認できるのだ。

次ページ【図2】の通り、1997年、橋本政権が消費税を増税した時期は、曲がりなりにも実質賃金が増え続けていた。すなわち、国民が豊かになりつつある状況で、増税をしたのが橋本政権なのである。家計貯蓄率も10％近く、当時の日本の家計は現在とは比較にならないほど「余裕があった」という話になる。

図2　日本の実質賃金(左軸)と家計貯蓄率(右軸、%)の推移

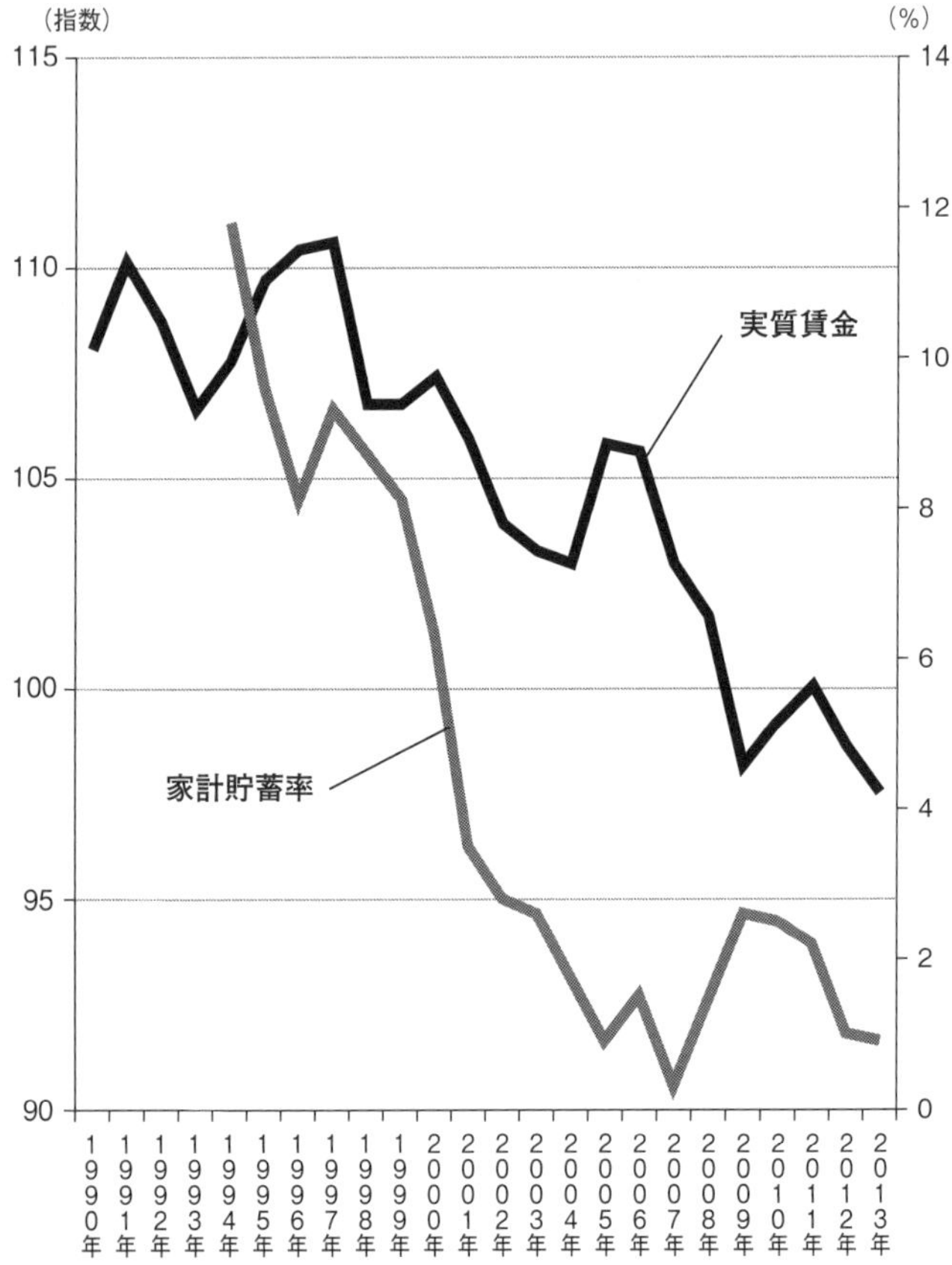

出典：厚生労働省、内閣府

それに対し、日本の実質賃金は、2012年、13年と連続して下落した。第二次安倍政権が誕生して以降も、日本国民の貧困化は継続していたのである。アベノミクスの活況に沸いた2013年すら、4月を唯一の例外に、我が国の実質賃金は下落を続けた。

さらに、家計貯蓄率は何と1％を切っている。もちろん、家計貯蓄率が下落した理由の一つは、「稼ぎ」が少ない年金受給者の増加ではある。それにしても、

「実質賃金の下落と、家計貯蓄率の低下は無関係」

などと断言できる人はいないだろう。当たり前だが、実質的に所得が縮小し、次第に貧乏になっていくと、国民は貯蓄に回すお金の余裕がなくなっていく。

つまりは、97年時とは異なり、国民が貧困化し、余裕を失ってしまった段階で増税を決行したのが、安倍政権なのである。

ちなみに、2014年4－6月期の民間最終消費支出（後述）は対前期比でマイナス5％だった。5％という民間の消費の落ち込み幅は、信じられないかも知れないが、統計的に比較可能な94年以降、最大だ。94年以前にしても、ここまで凄まじい消費縮小は確認できていない。

安倍政権は、戦後「最も消費を減らした政権」という、不名誉な座に就いた可能性が濃

厚なのである。筆者を含む大勢の学者・経済評論家（筆者は学者ではない）や政治家が、もし14年4月に消費税を増税すれば、「消費が大きく落ち込むことで、経済が失速し、下手をすると税収がかえって減る」と、散々に警告し続けたにもかかわらず、安倍政権は失政を犯した。

今後の経済政策について、大胆な政策転換をしなければ、安倍晋三内閣は「橋本龍太郎内閣」と並び、国民を貧困化させた悪名高き政権として歴史に名を残すことになるだろう。「大胆な政策転換」とは、政策を全面的にデフレ対策に転換しなければならないという意味で、15年10月に予定されていた消費税再増税の延期だけでは不十分だ。消費税率10％引き上げを17年4月に伸ばしても、安倍政権下で日本経済がデフレから脱却できる日は訪れない。

世界中で「自国民貧困化政策」が進められている

なぜ、このような事態になってしまったのか。12年12月26日に第二次安倍政権が「デフレ脱却」を標榜《ひょうぼう》して誕生した際には、筆者は「今回こそ、デフレから脱却できるのではないか」という希望を抱いたものだ。

その希望は、13年2月7日の衆議院予算委員会における安倍総理の「デフレは貨幣現象」発言、同3月15日の「TPP交渉参加」表明を経て、急速に萎《しぼ》んでいった。そして、同10月1日の「14年4月の消費税増税判断」により、決定的に打ち砕かれてしまったわけである。

安倍晋三内閣総理大臣も、結局のところ「黄金の拘束衣」を着た政治家の一人に過ぎなかった。黄金の拘束衣にからめとられた政治家は、間違った経済学（厳密には、現在の問題を解決できない経済学）に影響され、政策を誤る。

より具体的に書くと、デフレの危機が迫る、あるいはデフレの渦中においてさえ、「デフレ促進策」を取ろうとするのだ。結果的に、国民を貧困化に追い込み、国内の所得格差を拡大し、社会を不安定化させる。

デフレーションとは国民を貧しくするのみならず、安全保障を弱体化させ、さらに「国家の発展途上国化」を推進する経済現象だ。いかなる国民国家の施政者といえども、自国を発展途上国化する政策など、採用するはずがない。

……と、言いたいところだが、現実には日本のみならず、世界の多くの国々で、自国民を貧しくし、発展途上国に落ちぶれさせるデフレ促進策が推進される。なぜなのだろうか。

理由は、簡単。各国の政治家の多くが、黄金の拘束衣を身にまとっているためだ。

黄金の拘束衣とは、何なのか。まさに、それを解き明かすことこそが本書のテーマなのだが、まずは読者に「国民経済」にとって最も重要な指標、すなわち、GDPについて学んで頂きたい。

2　政府を誤らせる「経済学のドグマ」

GDPこそが経済の中心である

日本の新聞に「GDP（国内総生産）」という言葉が登場しない日はまずない。それにもかかわらず、新聞の読者はもちろんのこと、新聞記者たちまでもがGDPの正確な意味を理解していない。GDPこそが、経済の中心であるにもかかわらず。

結果、国民は「経済」に関して正しい知識、知見を得る機会を逸している。正しい知識、知見を持たない国民が、有権者として投票し、経済政策を立案、推進する「政治家」を選ぶ。我が国の経済政策が混乱の極致に達しているのも、ある意味で当然である。

繰り返すが、GDPこそが「経済」の中心だ。GDPを理解して初めて、「経済」について正しく理解することが可能になる。

GDPとは、主に国民が国内で「モノ」「サービス」という付加価値を生産するために働き、誰か（家計、企業、政府、外国など）が消費、投資として購入（支出）し、創出された所得の合計である。GDPは国内総「生産」であるため、生産の合計ではないかと思われた読者がいるかも知れないが、

「生産された付加価値に、消費、投資として支出され、所得が生まれる」ために、生産の金額、支出の金額、そして所得の金額は全て同じになるのだ。GDPは、もちろん生産の合計でもあるが、同時に「支出の合計」「所得の合計」でもあるわけだ。GDPは、内閣府は、GDPについて「生産面」「支出面」「分配面（所得がどのように分配されたか）」の三つの「面」の統計を発表している。いかなる「面」で見ようとも、三つのGDPの合計金額は必ず同額になる。これを、GDP三面等価の原則と呼ぶ。

例えば、筆者がある企業団体において、講演「サービス」を提供したとしよう。筆者の講演料が、1000万円だったとする（実際にはそんなに高くはない。二桁違う）。

その場合、筆者が1000万円分の講演「サービス」という付加価値を生産し、企業団体が1000万円を支出し、筆者に1000万円分の所得が創出されたという話になるわけだ。生産、支出、所得の金額は、必ず一致する。

勘違いする人が少なくないのだが、所得創出のプロセスにおいて生産される「付加価値」とは、企業の損益計算書でいえば（ほぼ）粗利益であり、売上ではない。何しろ、売上には「売上原価」という、他の企業が生産した付加価値が含まれてしまっている。

A社がB社から資材を1000万円で仕入れ（＝売上原価）、加工した上で自社製品に1300万円の値段を付けて販売したとする。このとき、売上1300万円の内、1000万円はA社ではなく、B社の付加価値になる。厳密には、B社もゼロから資材を生産したわけではないため、さらに別の会社の付加価値が含まれているが。

製造業や小売業などの場合、売上原価が必ず発生するため、売上イコール付加価値にはならない。それに対し、筆者が講演サービスを提供した場合、特に「仕入れ」が発生していないため、講演料が丸々「所得」になるわけである。

あるいは、GDPについて明確に理解するためには、逆に「GDPにならないお金の動き」を考えてみるとわかりやすいかも知れない。例えば、株式投資である。

株式とは、国民が働いて生み出したモノでもサービスでもない。すなわち、付加価値ではない。株式とは、企業の「資本」なのだ。

株式は付加価値ではないため、どれだけ莫大な金額が株式市場に投入され、株価が押し上げられたとしても、それ自体ではGDPは1円も増えない。

さらには、ボランティア活動はどうだろうか。

読者がボランティアとして働き、別の誰かにサービスを供給する。例えば、街の清掃を行ったとしよう。

図3　GDPが生まれるプロセス

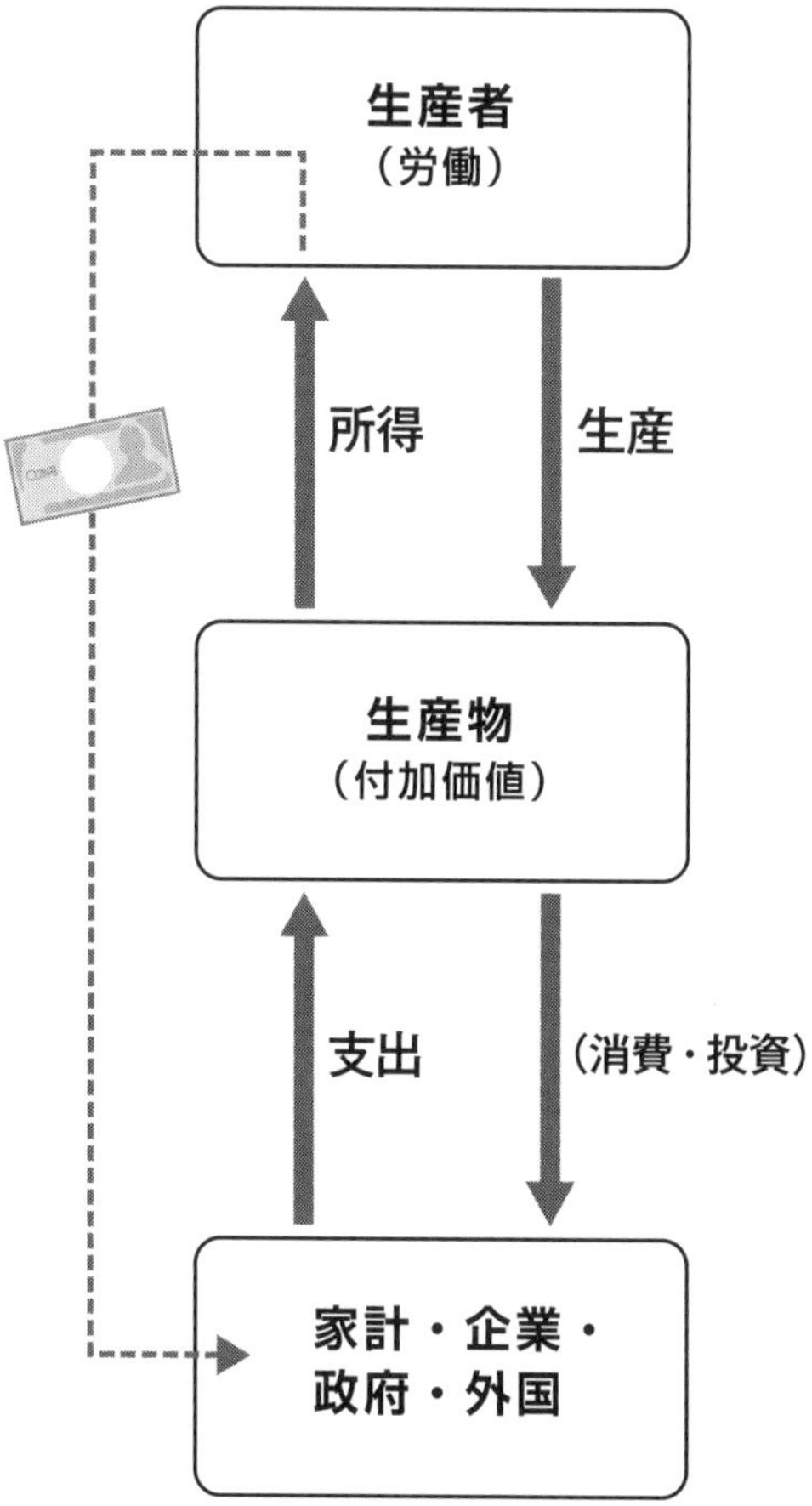

※生産物（付加価値）には「モノ」のみならず「サービス」も含まれる。

読者は一見、「清掃サービス」という付加価値を供給したかに見える。とはいえ、読者のサービスは、別に誰かが購入してくれたわけではない。読者の清掃サービス提供に対し、支払われるものは笑顔と感謝だけだ。すなわち、お金ではない。

というわけで、読者が毎日、路地裏の清掃をしたとしても、日本のGDPは1円も増えないのだ。それに対し、同じ清掃でも、読者が隣家の掃除をし、対価として1万円を受け取ったとしよう。この場合、読者は清掃というサービス（付加価値）を生産し、隣家が1万円を支出したため、所得が創出されてしまう。すなわち、日本のGDPが1万円増える。

さらに、翌日。今度は隣家の方が、読者の家を掃除したとする。読者はお礼に、昨日、隣家から受け取った1万円を、そのまま返した。結果的に、隣家の人に「所得1万円」が生じることになる。

ポイントがおわかりだろうか。

お金の流れを見ると、1万円が「隣家→読者→隣家」と、行って戻っただけである。ところが、2日間にわたり「2回」1万円という対価を伴う清掃サービスが供給されたため、我が国のGDPは2万円増えるのだ。

お金が「行って戻った」わけだから、読者も隣家も別に「金額的に」得をしたわけではない。とはいえ、家の掃除をしてもらうという形で「サービスの供給」を受けたことには変わりがない。サービスの供給を受け、支払いが行われた以上、その時点で「生産者」に所得が生まれ、GDPが積み上がるのである。

さて、GDPについて「生産」「支出」「所得」の合計であることを理解してもらった上で、デフレーションの「仕組み」について解説しよう。デフレとは、人口の減少や財政の悪化、あるいは経済の成熟化等によって発生するわけではない。何しろ、デフレーションが発生するためには、必ず「あるイベント」を経験しなければならないのだ。デフレを引き起こすイベントは、一つしかない。すなわち、バブル崩壊だ。

デフレの真犯人

それでは、バブル崩壊とは何だろうか。その前に、そもそも「バブル」とは何なのか？

例えば、

「土地の価格が上昇していく」

現象そのものが、バブルかと言えば、もちろんそんなことはない。国民の所得が上昇していけば、普通は土地の価格も上がる。

バブルを引き起こすのは、国民の「欲」である。より具体的に書いておくと、「値上がり益の期待」と「銀行からの借入」のコンボだ。

銀行からお金を借り、土地を買った。その土地で農業を営み、農産物を収穫することで「所得」を稼ごうとしたとする。この種の経済活動を「投資」と呼ぶ。バブルは「投資」によっては引き起こされない。

あるいは、銀行ローンでマンション不動産を購入し、家賃収入という「所得」を得ることを目指した場合、これもまた投資に該当する。投資とは、農産物や家賃収入など「所得」を求めて資産を購入する行為であり、バブルとは無関係だ。投資とは、ある意味で「普通の経済活動」である。

バブルを引き起こすのは、欲にかられた国民が、「資産（土地など）の値上がり益を求めて、銀行からお金を借りて購入する」行為である。すなわち、投資ではなく「投機」なのだ。

「値上がり益（キャピタルゲイン）を求めて、借金をして資産を買う」のが投機で、

「所得（インカムゲイン）を求めて、借金をして資産を買う」ことが投資である。日本語はきちんと、投資と投機を区別している。

ついでに書いておくと、英語も分かれている。投資がインベストメントで、投機はスペキュレーションと呼ばれる。

スペキュレーション＝投機という経済活動は本当に厄介で、過去の歴史において、何度も経済のバブル化とバブル崩壊、そしてデフレーションを引き起こしている。かの高橋是《これ》清《きよ》も、『随想録』において、

「何処の国でも一番困るのはスペキュレーションである。公債（注：国債のこと）を博奕、賭け事の道具に使はれては堪らないから『何故、公債を売つてくれと言ふのだ』と言つて一々皆、買ふ理由を質すのである。（昭和九年三月『随想録』〈中公クラシックス〉より）」

と、書き残している。

さて、バブルは投機という民間の経済活動が、爆発的に拡大することで起きる。代表的なのが、土地バブルであるが、なぜバブル期に国民は銀行から借金をしてまで、土地を購入しようとするのだろうか。もちろん、土地の価格が上昇しているためだ。

目の前で土地の価格が値上がりしているのを見た国民が、

「もっと上がるはずだ」

と、値上がり益を求めて銀行からカネを借り、土地の購入に走る。多くの者が借金で土地を買えば、当然ながら値段は上がる。それを見た他の国民までもが、

「まだ、上がるはずだ」

と、借入金で土地を購入する。すると、やはり土地の価格が上昇するため、それを見ていた他の国民が……。

と、国民が値上がり益を求めて銀行からの借入を増やし、資産購入に走った結果、土地や株式、時にはチューリップの球根やゴルフ会員権の価格が高騰していくのである。ちなみに、株式やチューリップの球根、それにゴルフ会員権は国の富、すなわち「国富」には該当しない。それに対し、「土地」は紛れもなく国富である。

次ページ【図4】は、我が国の国富、すなわち「生産資産（インフラストラクチャー、工場、建築物、設備など）」「有形非生産資産（土地、漁場、資源など）」、そして「対外純資産（日本の対外資産から、対外負債を控除したもの）」の推移を見たものだ。80年代後半、有形非生産資産が異様なほどの拡大を見せているのがわかるだろう。

有形非生産資産のほとんどを占めるのが、土地という名の国富である。もっとも、この

図4　日本の国富の推移(単位：10億円)

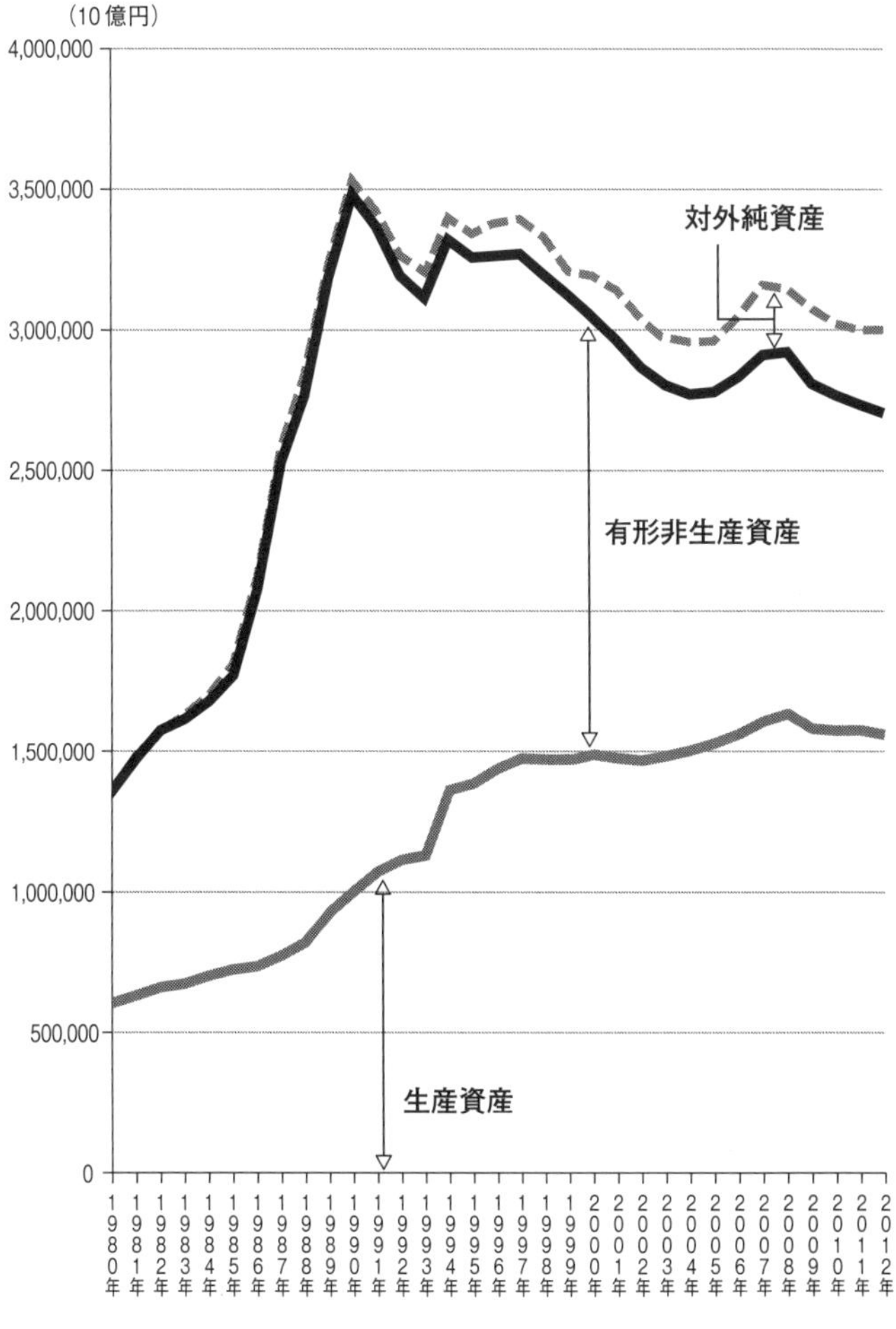

出典：内閣府「国民経済計算」
※統計方式の変更のため、93年までと94年以降は連続していない

時期に日本国の領土が拡大したという話ではない。土地の総量は変わらなかったものの、価格が高騰したため、金額で見た有形非生産資産の価値が膨張したのである。

何しろ、1985年時点で1061兆円だった我が国の有形非生産資産が、ピークの91年には2478兆円に膨らんだわけだから、半端ではない。わずか5年間で、有形非生産資産の金額が1400兆円も増えたのだ。恐るべきペースで、土地への「投機」が拡大したことがわかる。

その後、日本の土地バブルは崩壊を始めたわけだが、問題はバブル崩壊そのものではない。バブルは崩壊するからこそ、バブルなのだ。価格暴落に見舞われない土地の価格高騰は、単なる「価格上昇」に過ぎない。「実体」としての土地の量が増えたわけでも何でもないにもかかわらず、投機目的の取引が繰り返され、価格がひたすら高騰していくのがバブルだ。そういう意味で、現在の日本における株価上昇や、CPI（消費者物価指数）の上昇もまた、実態から「乖離《かいり》」した価格の上昇であることに違いはない。本件については後述する。

それはともかく、85年から90年にかけて、実に2・3倍に膨れ上がった有形非生産資産の金額が、91年以降に下落を始めた。無論、日本の国土が実質的に縮小したわけではなく、バブル崩壊で土地の価格が暴落したことが原因だ。

２０１２年末時点の有形非生産資産の金額は、約１４６０兆円である。ピークの90年と比較すると、およそ１０００兆円の「土地（主に）の価格」が失われたことになる。激減した土地価格の「過去の上昇分」の多くは、銀行からの借入金により資金調達されたものだ。すなわち、土地価格の上昇の背後に、民間（特に「企業」）の負債拡大が存在していたのである。

負債をベースに土地価格が高騰し、さらに暴落すると、資産保有者は、「資産の時価が下落したにもかかわらず、負債は丸々残っている」状況に置かれる。

当然、資産を保有していた民間は、一斉に「借金の返済」を始めることになるわけだ。それはもう、面白いくらいに誰もが一斉に同じ行動（借金返済）に走る。

借金の返済は、個々の経済主体（家計、企業、政府など）にとっては、極めて合理的な経済行為だ。何しろ、バブル崩壊後は「借金だけが残っている」状況に置かれるわけだから、25ページ【図３】の「消費・投資」を減らし、所得から借金返済に回るお金を増やすのは、当然すぎるほど当然だ。そして、誰かの消費や投資が減ると、当たり前の話として別の生産者の所得が減少する。

また、バブルが崩壊すると不景気になる。不景気になり、雇用が不安定化すると、今度は「家計」が将来不安という厄介な病にかかる。

将来不安を覚えた家計は、これまた同じ行動を採ろうとする。もちろん、銀行預金を増やしていくのだ。

日本の家計の「銀行預金病」は、恐るべき水準に達している。我が国の家計の現金・預金の総額は、14年6月末時点で、何と873・5兆円に達している。1ドル＝105円で計算すると、アメリカの家計の現預金の総額は921兆円。1ユーロ＝135円とすれば、ユーロ圏の家計の現預金総額が978兆円。人口ではアメリカもユーロ圏も、日本の3倍近い。日本の家計が、いかに巨額の現預金を貯めこんでいるかが理解できるだろう。

最近では、家計どころか企業までもが「銀行預金病」に冒《おか》されている。非金融法人企業（一般企業）の現金預金という内部留保の総額は、2013年末に243兆円を突破した。もちろん、史上最高である。

とはいえ、残念なことに、銀行預金もまた、消費でも投資でもない。家計や企業がどれだけ莫大な金額を銀行預金しても、誰の所得も増えない。お金が銀行に移動したからといって、銀行の所得にはならないので注意して欲しい。先述の通り、所得とは生産者が生産した付加価値に、誰かが消費もしくは投資として支出しない限り、絶対に増えないのだ。銀行預金を増やすことは、個々の家計にとっては極めて合理的な行動だ。借金返済も同じである。個々人、個々の企業にとって合理的な行動が、国民経済というマクロに合成されると、「国民全体の所得縮小」という、極めて非合理な結果をもたらしてしまう。この種の矛盾を、合成の誤謬《ごびゅう》と呼ぶ。

デフレを引き起こす真犯人は、合成の誤謬なのだ。人口の減少でも、少子化でも、財政の悪化でもない。個々人の「合理的な行動」が積み重なり、国民経済という規模になると、極めて非合理な結果をもたらす。合成の誤謬こそが、デフレ化の主犯なのである。

そして、バブル崩壊後に合成の誤謬が発生し、国民の所得が増えなくなった段階で、政府が増税や政府支出削減（公務員削減など）といった「緊縮財政」を実施すると、効果覿面《てきめん》。国民経済は、完全にデフレ化する。

何しろ、民間がお金を消費、投資として使わず、誰かの所得が減っている環境下で、政府が増税することで「民間の消費・投資」を減らし、さらに政府自らも支出を切り詰めるのだ。お金を使う経済主体がますます減少し、所得の縮小が一気に進行することになる。

例えば、97年4月の消費税増税で、我が国の民間最終消費支出（いわゆる個人消費）は4

−6月期に対前期比で3・5％減った。14年4月の増税の悪影響はさらに大きく、4−6月期の民間最終消費支出が5％の減少である。消費増税は、支出面で見たGDPの需要項目の一つ（日本の場合は最大の需要項目）である民間最終消費支出を、大きく押し下げてしまうのだ。

また、橋本政権は97年に消費税を増税すると同時に、公共投資の削減を開始した。97年の公的固定資本形成（公共投資から用地費などを除いたもの。支出面GDPの需要項目の一つ）は、前年（96年）の44・6兆円から、41・7兆円に削減された。

政府の投資（公共投資）が減った場合も、当たり前の話として「誰か」の所得縮小を招く。日本のデフレーションがもたらされたのは、バブル崩壊後に合成の誤謬が起きている段階で、政府が緊縮財政を実施したためなのだ。しかも、日本政府は国民経済がデフレ化したにもかかわらず、消費税を引き下げることもなく、公共投資の削減も継続し、総需要（支出面の名目GDP）を抑制することを続けた。我が国が人類史上まれに見る、長期のデフレーションに陥ってしまったのは、当然すぎるほど当然なのだ。

「バブル崩壊」と「緊縮財政」が、国民経済をデフレ化させる、効果覿面の組み合わせであることは、最近、南ヨーロッパ諸国が実証してくれた。イタリア、スペイン、ポルトガル、そしてギリシャの4カ国が、バブル崩壊後に緊縮財政を実施し、ものの見事にデフレーションに陥っている。

次ページ【図5】の通り、2011年を境に南欧諸国のインフレ率が下がり始め、14年10月には揃って対前年比マイナスに落ち込んでしまった。ユーロ加盟国のバブル崩壊が本格的に始まったのは、2008年である。バブルの崩壊を受け、各国の経済成長率が悪化。当然、政府の財政は著しく悪化し、EUやドイツ、IMF、それに格付け会社の圧力を受けた各国政府は、増税と政府支出削減という緊縮財政を強いられた。結果的に、南欧諸国の物価上昇率が下落を始め、14年にマイナスに落ち込んでしまったわけである（ギリシャのインフレ率は13年からマイナスになっている）。

今後のユーロ圏は、南欧諸国のみならず、フランスやオランダ、最後にはドイツまでも、インフレ率がマイナスになる可能性が濃厚だ。何しろ、ユーロ圏の長期金利（新規発行10年物国債金利）は、異様な水準にまで低下してしまっているのである。

筆者は14年11月に刊行した『2015年 暴走する世界経済と日本の命運』（徳間書店）において、

「フランスの長期金利（10年債金利）も、1％を切る可能性は高い」

図5　南欧諸国のインフレ率の推移(対前年比%)

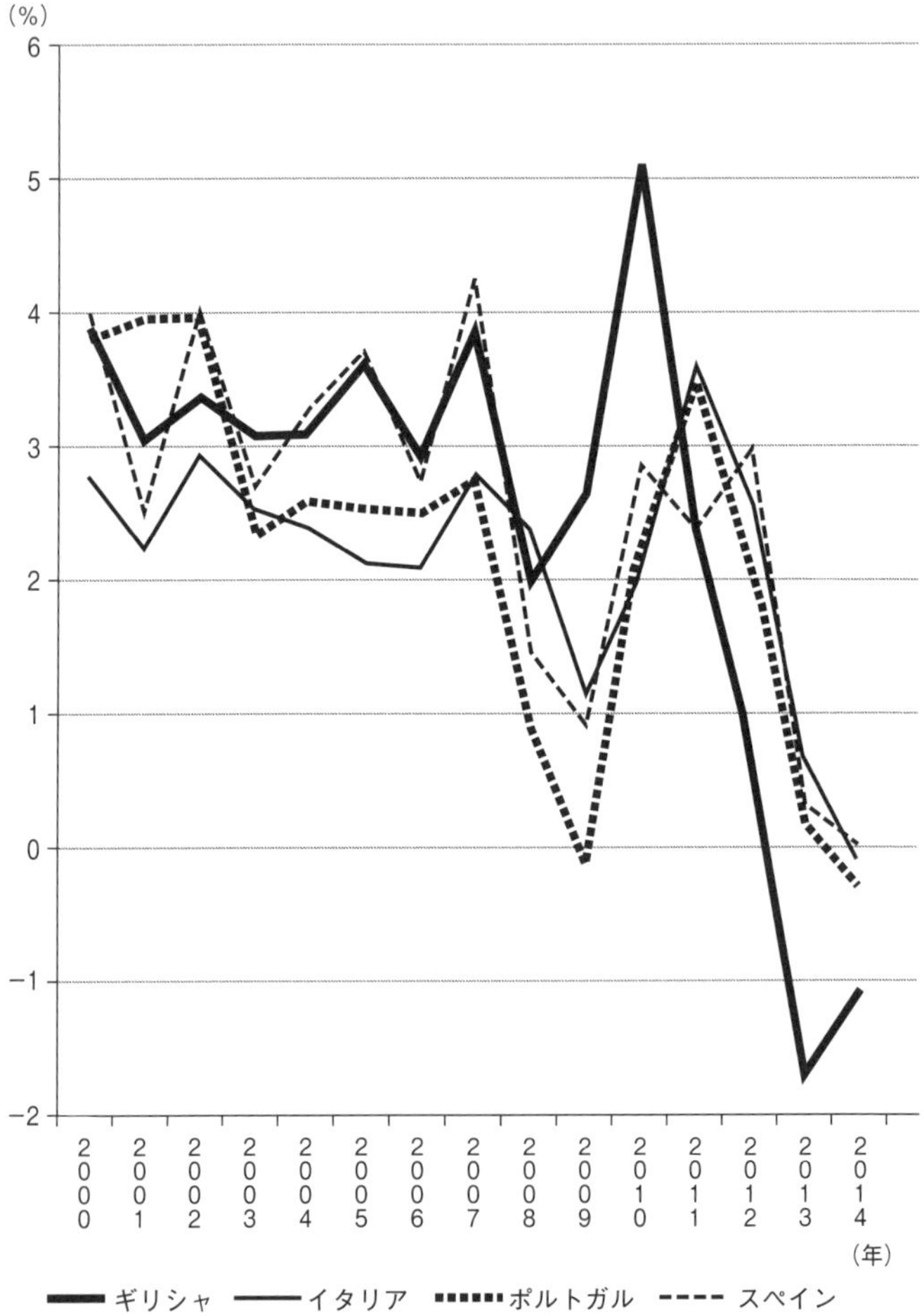

出典：IMF World Economic Outlook 2014
※2014年は10月時点

と、書いたのだが、14年11月27日に早くも切ってしまったのだ。

「欧州債：フランス債利回り、1%割れ——ECB緩和拡大を期待」（14年11月28日付　ブルームバーグ）

27日の欧州債市場ではフランス国債が上昇。これでユーロ参加国では、同国を含めドイツやフィンランドなど6カ国の10年債利回りがいずれも1%を割り込んだ。ドイツ10年債利回りは過去最低を付けた。オーストリアやポルトガルなどの国債利回りもこれまでの最低を更新。ドイツで11月のインフレ率が約5年ぶりの水準に低下したことを受け、欧州中央銀行（ECB）が資産購入プログラムを拡大するとの見方が強まった。（後略）

本稿執筆時点のフランスの長期金利は、0・97%である。

さらに、ブルームバーグ紙の記事にもあるように、ドイツ国債が0・7%、フィンランド0・78%、オランダ0・82%、ベルギー0・93%、オーストリア0・85%と、ユーロ6

カ国の10年債の金利が1%を割り込んでしまった。

ちなみに、人類の歴史は長いのだが、長期金利（10年債利回り）が1%を切ってしまったのは、日本が初である（2002年）。その後、スイスの長期金利も1%を割りこんだが、しばらくはこの両国のみが「長期金利1%割れ国」の時代が続いた。

やがて、2014年夏にドイツの長期金利が1%を割り込んだ。そして、年が明ける前にフランスなどの5カ国も長期金利が1%を切ってしまったわけである。

日本、スイス、そしてドイツをはじめとする一部のユーロ諸国の金利が「超低迷」しているのには理由がある。もちろん、デフレーションだ。

デフレに陥った国（あるいは陥りつつある国）は、国民や企業が預金を増やす。預金とは、国民側から見れば「金融資産」なのだが、銀行にとっては「金融負債」つまりは借入金に該当する。銀行の仕事は、国民から「借りた」銀行預金を企業などに貸し付け、金利差を稼ぐことなのである。

この金利差こそが、銀行の「所得」になる。銀行が供給した「金融サービス」に対し、消費者が支払った対価が金利と書けば、わかりやすいだろうか。

デフレの国の銀行は、国民が次々に預けてくる預金の貸出先に困る。企業側がお金を借りようとしない、あるいはリスクが高すぎ、貸し付けられない状況に至ってしまうのだ。

そもそも、企業側がお金を借り入れず、設備投資を増やさないからこそ、デフレが深刻化するのである。要するに、民間の資金需要が細るという話だが、そうであっても銀行は貸し付けられる銀行預金を、誰かに貸し出さないわけにはいかない。さもなければ、銀行は逆ザヤで倒産する羽目になる。

というわけで、資金需要が縮小したデフレの国では、銀行の運用先が「国債」に偏ることになる。日本や一部の欧州諸国の国債金利が低いのは、別に「政府の信用が高い」「国債の信認がある」といった、定性的な理由からではない。単純に、銀行の貸出先が乏しく、国債を買わざるを得ないため、金利が下がるのである。

ちなみに、一時は金利急騰で「財政破綻」が取り沙汰されたイタリアの10年債も2・06％、スペインが1・89％（！）と、やはり異様な水準に低迷している。

まさに文字通りの意味で、ユーロ国債「金利」暴落、という印象を受けた。

ユーロ諸国の国債を購入しているのは、主にユーロ圏の銀行だ。各銀行は、10年満期の国債に「将来的なインフレ率」を睨《にら》みながら投資している。ドイツの10年債の金利が0・7％ということは、ユーロ圏の銀行は、

「ドイツは今後10年間、0・7％を超えるインフレにはならない」と、予測していることになる。銀行の見込みが外れ、ドイツのインフレ率が0・7％を上回る状況が続くと、銀行は実質的に「損」を抱え込む羽目になってしまう。長期金利（10年債の金利）とインフレ率は、関係が深い。

そもそも、事の発端はブルームバーグの記事にもある通り、ドイツの11月のインフレ率が0・5％となり、約5年ぶりの低水準となったことである。また、スペインは「マイナス」0・5％と、経済が完全にデフレ化している。

ユーロ圏全体の11月の消費者物価の上昇率は、わずか0・3％。5年ぶりの低い水準となってしまった。さらに、失業率は高止まりし、失業者数は増加している。

現在のユーロは完全に「デフレ化路線」をひた走っているのである。

今後のユーロが進む路線を、推測してみよう。ECB（欧州中央銀行）は金融緩和の拡大、具体的にはユーロ債の購入拡大に乗り出すだろう。だからこそ、各国の国債金利が「暴落」したわけだが、果たしてそれでインフレ率が上昇するだろうか。つまりは、ユーロ圏のデフレ化を食い止められるのか。

インフレ率とは、モノやサービスの価格の変動を示す指標だ。ECBが金融市場にマネタリーベース（後述）を供給したところで、モノやサービスが買われるわけではないため、物価には影響しない。

さらに言えば、ECBが供給した流動性により、ユーロ圏の銀行からお金が借り入れられたとしても、「金融経済」に向かってしまうと、やはり物価には影響しない。ちなみに、現在の「ユーロ・ストックス50」インデックス（欧州の株式市場全体を対象とした代表的な株価指数）は、3200ユーロを超え、史上最高値に接近している。今後のユーロ圏は、「（金融経済で）株価は上昇するが、モノやサービスの購入（特に設備投資）にお金が回らず、（実体経済で）インフレ率が上昇しない」

という環境になると確信する。もっとも、後述するように、日本もまたユーロ圏同様の状況に陥っているわけなのだが……。

デフレギャップの正体

ところで、1997年以降の日本にせよ、あるいは11年以降の南欧にせよ、デフレーションに陥ると「なぜ、物価が下がる」ことになるのだろうか。無論、デフレとは物価が継続的に下落する現象ではあるのだが、そのプロセスを具体的に整理してみよう。

バブル期、各国の企業は設備投資を大幅に拡大する。何しろ、「投資すれば、ほぼ確実に儲かる」からだ（逆に、デフレ期は投資をしても儲からない）。各企業はリスクを顧みず、時には無謀とまで言われるほどの設備投資を実施し、自らの内に「供給能力」を蓄積していく。

ちなみに、バブル期の日本の民間企業設備（支出面GDPの需要項目の一つ）は、絶対額でアメリカの2倍に達していた。当時のアメリカの人口は、すでに日本の2倍強であった。ということは、「国民一人当たりの設備投資」の金額を比較すると、日本は何とアメリカの4倍に達していたことになる。

さて、バブルが崩壊すると、先述の通り民間の借金返済や銀行預金が増え、消費、投資として支出される金額が減少する。消費、投資とは、要するに名目GDPだ。別名「総需要」と呼ぶのだが、バブル崩壊後は合成の誤謬の発生により、この総需要が縮小してしまうのである。

とはいえ、バブル期に企業が設備投資拡大で蓄積した供給能力は消えない。工場や設備はもちろん、人材（労働者）も含めた国民経済の供給能力の最大値を、潜在GDPと呼ぶ。設備がフル稼働し、働ける国民全員が雇用され、いわゆる「完全雇用」が達成された時点で生産可能な付加価値の合計こそが、潜在GDPなのである。

GDP三面等価の原則により、付加価値の「生産面」のGDP、消費投資という「支出面」のGDP、所得の「分配面」のGDPの三つは必ず一致する。潜在GDPとは、完全雇用下で達成可能な名目GDPと考えてよい。

バブルが崩壊し、総需要（名目GDP）が縮小を始めても、過去の投資により蓄積された潜在GDPは簡単には消えない。結果的に、潜在GDPと名目GDPとの間に「マイナスの乖離」が発生することになる。

次ページ【図6】の下側、本来の供給能力（潜在GDP）が総需要（名目GDP）を上回ることで発生するのが、デフレギャップである（内閣府は「需給ギャップのマイナス」と呼んでいる）。デフレギャップが発生した国は、国民経済の供給能力が需要に対し過剰になっており、モノ余り、ヒト余りが発生。物価や賃金水準が下落していく。

デフレ期に「賃金が下がる」というのは、極めて重要なポイントだ。何しろ、物価が下落する「のみ」では、別に誰も困らない。例えば、賃金水準が一定で、物価のみが落ちていくのであれば、国民は、

「働いて稼ぐ所得で、買えるモノ、サービスが次第に増えていく」

図6　インフレギャップとデフレギャップ

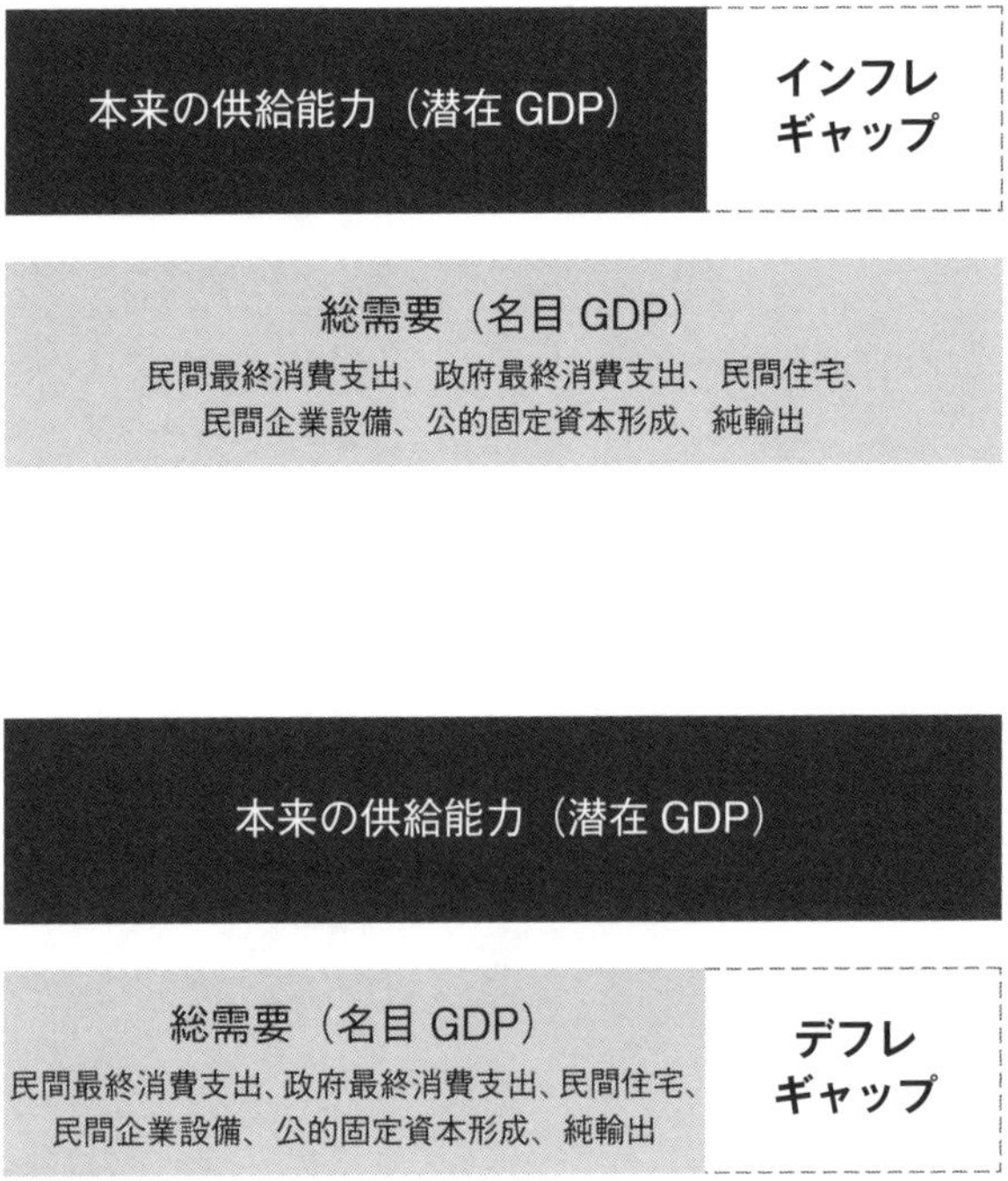

という話になる。すなわち、実質賃金の上昇だ。

物価が継続的に下落したとしても、賃金が一定を保つか、もしくは上昇していくのであれば、国民は豊かになっていくと判断して構わない。とはいえ、極めて残念なことに、デフレに陥った国では、確かに物価が継続的に下落するのだが、それ以上のペースで賃金水準が落ちていく。

我が国のコアコアCPI（食料やエネルギーなど、需給と無関係に価格が変動する商品を除いた消費者物価指数）を見ると、ピークの98年から13年まで、およそ6％下落している。

それに対し、平均給与の減少率は、実に10％を上回っているのだ。物価が下落しても、それ以上のペースで給与が落ちていくのでは、国民は次第に貧乏になってしまう。すなわち、実質賃金の低下だ。16ページ【図2】で見た通り、橋本政権の緊縮財政でデフレが本格化して以降、実際に我が国の実質賃金は中期的に下落していった。12年末に第二次安倍政権が発足した以降は、若干、様相が変わり、今度は「物価上昇率に賃金の上昇率が追い付かない」形で実質賃金の下落が続いているわけだが、いずれにせよ国民が貧困化していっていることに変わりはない。

さて、デフレギャップに話を戻すが、バブル崩壊後に最も大きく縮小する需要（支出面

GDPの需要項目）は、民間企業設備である。日本の場合、民間企業設備は91年のピーク（約93・4兆円）から、94年には約71・6兆円までに減少した。その後、97年に約78・3兆円に持ち直したものの、橋本緊縮財政で本格的なデフレに突入し、その後は一度も97年の水準を回復することができていない。2013年の民間企業設備は、64・7兆円にまで減少している。91年と比較すると、実に30兆円規模の民間企業設備という「需要」を、毎年、喪失している有様なのである。

ポイントは、民間企業の設備投資は「供給能力（潜在GDP）を拡大する需要（名目GDP）」という点だ。設備投資は、それ自体が名目GDPの需要項目の一つであると同時に、潜在GDPを引き上げる役割を担う。

わかりやすく書くと、例えば、

「生産性を高め、生産能力を強化するために、工場を建設した」

というケースがあったとしよう。工場建設として「投資」された金額は、もちろんGDPの民間企業設備に積み上がる。すなわち、現在の名目GDPにカウントされるのだ。同時に、工場建設による生産能力の強化は、将来的な生産性を高める。労働者の数が変わらなかったとしても、一定期間の製品の生産数が増えるわけだ。供給能力の向上とは、生産性向上とイコールになる。生産性を高めるための投資は、モノやサービスを供給する「パワー」を強化する。すなわち、潜在GDPが拡大することになる。

「経済力」とは何か

国の「経済力」とは「潜在GDP＝供給能力」の大きさを意味している。

「日本は経済力がある」

とは、国民経済が国民の需要を満たすに十分な供給能力を持つ、という話なのである。

逆に言えば、「経済力がない」発展途上国とは、

「高層ビルを建てることができない」

「大河に橋を架けることができない」

「医療サービスが不十分で、国民の平均寿命が短い」

「兵器が生産できず、軍隊が外国産兵器に依存している」

といった国になる。かつて、日本のゼネコンがアジア諸国において、橋やトンネルなどインフラストラクチャーの建設を請け負っていた。理由は、当時のアジア諸国が未だ発展

途上国の段階で、自国の企業や人材ではインフラを整備することができなかったためだ。

そう考えたとき、我が国は「戦前」から先進国であった。日露戦争を戦うために、イギリスから軍艦を買った、つまりは「イギリスの供給能力を活用させてもらった」明治時代はともかく、その後の我が国は設備投資や人材投資で国民経済の生産能力を高めていき、1920年代には、

「自国の需要（軍需含む）を、自国の企業、人材で賄う」

段階に達していたのである。すなわち、先進国だ。

そもそも、日本が先進国でなかったら、当時から世界最大の経済規模を誇っていた超大国アメリカを敵に回し、大東亜戦争を戦えるはずがない。日露戦争期は「外国産」の軍艦を必要とした日本海軍は、1940年に当時としては世界最大であった戦艦大和を自力で進水させ、さらに世界で初めて「空母機動部隊」を運用するに至った。同じく1940年に採用された零式艦上戦闘機は、実に2200キロの航続距離を誇り、戦闘能力においても、当初は連合国の戦闘機を圧倒していた。

零戦の総生産機数は、何と1万400機である。さらに、陸軍が開発した戦闘機「隼」は、総計で5700機が生産された。戦前の日本が先進国でなかったならば、万を超える

戦闘機を生産できるはずがないのである。

それはともかく、大東亜戦争に敗北し、国土を焼け野原にされた我が国は、多くの供給能力を喪失した。少なくとも敗戦直後、我が国は一時的に「発展途上国化」していたわけだ。

その後、我が国は高度成長路線に入り、企業や政府の投資により、毀損《きそん》していた供給能力を回復していく。元々が先進国であり、技術や人材の蓄積が分厚かった日本である。政府が正しい政策を実施しさえすれば、民間主導で投資が拡大し、早期の供給能力の回復が実現するのである。

さらに、バブルに沸いた80年代後半の日本の企業は、先述の通り、アメリカの投資を絶対額で上回る、まさに怒濤《どとう》のごとき設備投資を実施し、供給能力を拡大した。国の「経済力」は徹底的に強化され、日本のＧＤＰは一時的にアメリカの7割近い水準にまで達した。

日米のＧＤＰをドル建てで比較すると、１９８０年には日本のＧＤＰは、アメリカの約38％であった。それが、我が国がデフレ化する直前の１９９５年には、約70％になったのである。橋本政権の緊縮財政で、日本の国民経済がデフレ化しなかった場合、冗談でも何でもなく、ドル建てのＧＤＰで日本がアメリカを上回る日が訪れたかも知れない。

ところが橋本政権以降、バブル崩壊と緊縮財政という「効果覿面な組み合わせ」により、日本経済はデフレ化した。我が国の国民は借金返済と銀行預金を増やし、消費、投資という総需要を減らしていった。とはいえ、バブル期に拡大した供給能力は、簡単には消えない。結果的に、供給能力が総需要を上回る「デフレギャップ」が発生し、物価は下落していった。何しろ、各企業は自らが保有する「強靭な供給能力」に見合う仕事、顧客を得られないのだ。当然の話として、「モノ余り」「サービス余り」が発生。各企業は価格競争に突入し、「安く売る」ことで生き残りを図った。価格競争に敗れた企業は、市場から退場する。デフレ経済の始まりだ。

あるいは、価格競争に勝ち残った企業にしても、製品価格やサービス価格を引き下げたため、当然ながら所得（利益）が減る。ポイントは、以前と同じ生産を実施した、あるいは以前よりも多く生産をしたとしても、物価下落により企業の所得が減ってしまう点だ。

企業は生産した付加価値（モノ、サービス）を販売し、粗利益（売上ではない）という所得を得る。企業の一時所得である粗利益から、従業員に給料が支払われる。値下げにより粗利益が減ると、当たり前の結果として、従業員の給料は抑制される。

それどころか、所得が減少する環境下で企業が最終利益（純利益）を維持しようとすると、企業は人件費の削減を「率先して」実施せざるを得ない。給料が減る「程度」ならまだマシで、正規社員が非正規社員に切り替えられ、あるいはアルバイトに変えられ、さらには従業員数自体を減らそうとする。企業から解雇された「元」従業員は、失業者となる。

また、デフレとは「物価の下落」であるが、「通貨側」から見ると反対に、「通貨価値の上昇」に該当する。デフレの国は、自国通貨の価値が高まりやすい環境に置かれる。日本の場合は、円高だ。円高になると、大手輸出企業は国内での操業が難しくなり、工場を「外国」に移していく。何しろ、資本の国境を越えた移動は自由化されているのだ。

外国に工場が移転されると、当たり前の話として国内の雇用は失われる。結果的に、失業者が増え、あるいは国内の労働者は所得水準が低い「外国の労働者」との競争を強いられ、賃金水準が下がっていく。

人件費のみならず、デフレ下では企業は設備投資までをも減らす。企業の人員削減や設備投資の切り詰めは、「誰か（家計、企業）の所得」が縮小するという話になる。所得が減った家計や企業は、支出（消費・投資）を切り詰め、ますます国民経済の総需要が減少してしまう。デフレギャップは、いつまでたっても埋まらない。

デフレ期に企業がリストラクチャリングに励む、つまり46ページ【図6】でいえば「本来の供給能力（潜在ＧＤＰ）」を小さくしたとしても、デフレギャップは埋まらないのだ。

何しろ、企業のリストラクチャリングは給料という「従業員への所得の分配」を減らし、失業者や赤字企業を増やしてしまうのだ。所得が減った従業員や失業者、それに赤字企業は、消費や投資を減らすことで対応せざるを得ない。

結果、供給能力を削り取ると、総需要までもが小さくなってしまい、デフレギャップがいつまでたっても縮小しない。それどころか、総需要を意味する名目GDPはひたすらマイナス成長を続け、同時に「経済力」の本質である潜在GDP（供給能力）が破壊されていく。潜在GDPが小さくなるとは、要するに発展途上国化するということだ。デフレーションという経済現象は、戦争と同様に「経済力」を弱体化させ、国家を途上国へと導くのである。デフレがバブル崩壊（及び緊縮財政）後の総需要の不足で発生する以上、解決策は一つしかない。すなわち、通貨発行権という強権を持つ中央政府が、

「お金を発行し、借りて、国民の所得になるように使う」

これだけである。

【図6】でいえば、名目GDP（支出面）の政府最終消費支出、公的固定資本形成を拡大し、デフレギャップを埋めるのだ。財源は、もちろん「中央銀行の通貨発行」で構わない。より具体的に書くと、中央銀行は政府が発行した国債を買い取り（直接買い取らずとも、国内

の銀行が保有する国債を買い取るのでも構わない)、財政出動による需要創出をサポートするのである。

デフレとは「総需要の不足」が原因で発生する。この理解は、決定的に重要だ。「デフレは総需要の不足」という「考え方」は、一国の現在の運命どころか、将来の経済成長、発展をも左右してしまうのだ。

橋本政権化する安倍政権

それにもかかわらず、安倍政権は「デフレギャップ」についてそれほど問題視していないように思え、心の底から危惧を覚える。14ページ【図1】の通り、安倍政権は2014年4月の消費税増税で、総需要である名目GDPを2四半期連続で減らしてしまった。

デフレギャップは「＝潜在GDP（供給能力）―名目GDP（総需要）」で計算される指標だ。消費税を増税することで名目GDPを押し下げれば、当たり前の話としてデフレギャップは拡大する。

14年12月4日、内閣府は7－9月期のデフレギャップ（内閣府やマスコミは、なぜか「需給ギャップのマイナス」と呼んでいる）が2・7％になり、しかも、拡大中であることを発表した。年率換算の金額でいえば、デフレギャップは約14兆円とのことである。

「需給ギャップ、7〜9月マイナス2・7％に拡大」（14年12月4日付　日本経済新聞）

内閣府は4日、日本経済の需要と潜在的な供給力との差を示す「需給ギャップ」が、7〜9月期にマイナス2・7％になったとの試算を発表した。名目では年率換算で14兆円の需要不足になる。前期（マイナス2・2％、11兆円）から需要不足が拡大した。増税後の個人消費の低迷が長引き、実際の経済成長率が1・6％減となったことが響いた。

需給ギャップは経済全体の供給力に対する需要を示したもので、物価動向などに影響を与える。需給ギャップがマイナスになるのは2008年7〜9月期以降、約6年連続で、デフレ脱却にかかる時間の長さを印象付ける。（後略）

実は、内閣府発表のデフレギャップには「統計マジック」あるいは「経済学のマジック」が使われている。実際の我が国のデフレギャップは、14兆円どころの規模ではないのだ。

経済学のマジックとは、何のことか。改めて書くが、デフレギャップとは、

◆デフレギャップ＝潜在ＧＤＰ―名目ＧＤＰ

の計算式で算出される。

実は、デフレギャップを算出する際の「潜在ＧＤＰ」には二種類あるのだ。

一つ目は、「最大概念の潜在ＧＤＰ」になる。国民経済において、すでに存在する労働者や資本、設備がフルに稼働した場合に生産可能なＧＤＰを意味する。労働者がフル稼働している以上、「完全雇用環境下のＧＤＰ」と呼び替えても構わない。

日本の場合、インフレ率が２％に上昇すると、失業率も２％台前半に落ちる。さらに、インフレ率が３％、４％と上がっても、失業率は２％を切らない。すなわち、我が国の完全雇用は失業率２％である。

日本の失業率が２％に下がった時点で生産可能なＧＤＰが、「最大概念の潜在ＧＤＰ」という話である。非常に論理的で、わかりやすいのではないかと思う。筆者が「潜在ＧＤＰ」という用語を使うときは、もちろん完全雇用下のＧＤＰを意味している。

日本が完全雇用状態になり、設備がフル稼働になったとき、生産されるGDPの総計を「潜在GDP」と呼ぶ。この潜在GDPに対し、現実の総需要（名目GDP）が不足している。よって、物価が継続的に下がるデフレーションが発生しているという「考え方」だ。

それに対し、二つ目の潜在GDPが「平均概念の潜在GDP」になる。平均概念の潜在GDPとは、実にわかりにくい「考え方」である。

平均概念の潜在GDPは、過去の平均的な労働や設備稼働率に対応するGDPを意味している。失業率でいえば、「長期のトレンドで決定される失業率」であり、これを自然失業率と呼ぶ。自然失業率時点で生産可能なGDPを、潜在GDP（平均概念の潜在GDP）と定義するのだ。

ところで、「自然失業率」とは何だろうか。

ちなみに、2014年3月19日、黒田日銀総裁は、東京都で開かれた国際通貨研究所主催の講演会に出席し、日本の失業率について、

「3・5％と試算される自然失業率に近い、ほぼ完全雇用状態」

と語った。

自然失業率とは、1968年に新古典派経済学の「祖」たるミルトン・フリードマンに

より唱えられた概念だ。

政府がインフレ率を引き上げる政策を採った場合、短期的には失業率が低下する。インフレ率と失業率が「トレードオフ」の関係になる、いわゆるフィリップス曲線（高失業率国はインフレ率が低く、インフレ率が高い国は失業率が低くなるという仮説）が成立するわけだ。

企業はインフレ率が上がった場合、実質賃金を一定に保つか、あるいは引き下げる形で「名目賃金」を引き上げる。すると、労働者（というか、失業者）は実質賃金が上がったと「錯覚」し、企業に雇用され、働き始める。上記の労働者の「勘違い」を、「貨幣錯覚」と呼ぶ。インフレ率上昇が失業率を引き下げるのは、労働者の「貨幣錯覚」が原因であり、やがて「勘違い」に気が付いた労働者は、より高い賃金を要求するようになり、実質賃金の低下が止まる。結果的に、インフレ率を引き上げても、失業率を引き下げる効果がなくなる。

すなわち、フィリップス曲線が成立しなくなる。

インフレ率とは無関係に、長期で決定される失業率について、フリードマンは「自然失業率」と呼んだのだ。

現在の日本でも、浜田宏一内閣官房参与をはじめとして、

「実質賃金は切り下げた方がいい。失業率が下がり、やがては『自然失業率』という完全

雇用が達成される」

と主張する論者が少なくない。3・5%という失業率を、「自然失業率に近いため、ほぼ完全雇用状態」と表現した黒田日銀総裁も、浜田氏と同様の考えを持っている可能性が高い。

62ページ【図7】は、日本の完全失業率と「過去30年間の平均失業率」をグラフ化したものだ。フリードマンの「長期で決定される失業率」の「長期」の期間が不明であるため、とりあえず便宜的に「30年間の平均失業率」と定義した。

すると、確かに「過去30年間の平均失業率」は3・5%前後となる。すなわち、長期のトレンドで見た失業率が、3・5%前後というわけだ。

黒田日銀総裁の言葉通り、現実の完全失業率は、「長期で決定される失業率」の値に達している。だからといって、

「完全雇用の達成だ！」

という話に、本当になるのだろうか。もちろん、ならない。

自然失業率は、そもそも「経済学」が完全雇用を前提にしていることから生まれた「考え方」だ。経済学、特に主流派の新古典派経済学は、非・自発的失業を認めていない。全

ての失業者は「自発的な失業者」なのである。

自発的な失業者は、実質賃金が上昇すれば、企業に労働を供給し始める。つまりは、就職して働き始める。逆に、実質賃金が下がれば、働かない。

政府のインフレ政策は、一時的に失業者に貨幣錯覚を起こさせる。名目の賃金が上がることで「実質賃金が上昇している」と勘違いした失業者は、次々に企業に就職するが、やがて貨幣錯覚から醒めて、彼、彼女らは「自発的失業者」に戻る。故に、政府のインフレ政策は、長期的には雇用改善に役立たず、失業率は「自然失業率」に収斂《しゅうれん》する。これが自然失業率の「考え方」だ。

おわかりだろうが、自然失業率の考え方は、経済が「総需要＞供給能力」の状況にあり、インフレギャップが存在していることを前提としているのだ。すなわち、失業者が働こうとしたとき、「必ず仕事はある」とされるのである。

そもそも、ほとんどの経済学は、

「供給が需要を創出する」

という、セイの法則をベースに置いている。セイの法則が成立しているならば、仕事は「常にある」わけだから、それでも働かない失業者は「全員が自発的失業者」という理屈になる。

図7　日本の完全失業率と過去30年の平均失業率(単位：%)

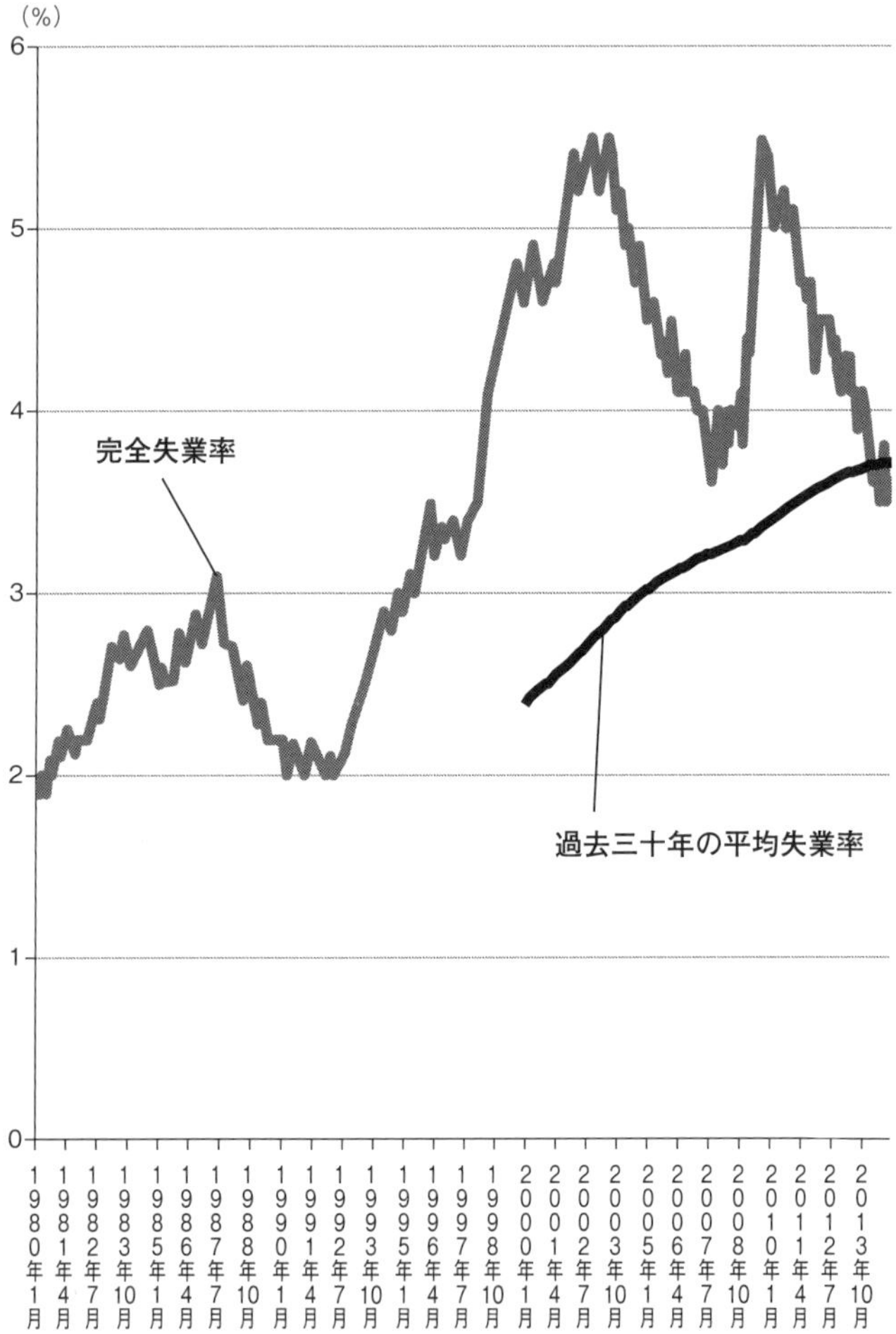

出典：統計局

とはいえ、少なくともバブル崩壊後に緊縮財政を実施し、「総需要＜供給能力」のデフレギャップが存在している国では、セイの法則は絶対に成立しない。何しろ、企業や家計が借金返済や銀行預金を増やし、消費や投資としてお金を使おうとしないのがデフレ期なのだ。デフレ期には、総需要は常に不十分であり、仕事もまた不足している。

デフレに陥った国では、労働者の多くが非・自発的失業者となる。彼らは実質賃金が低いから働かないのではない。単純に、仕事がないのだ。何しろ、仕事とは「モノやサービスを消費、投資として購入する顧客」がいなければ、創出されない。

現実の日本の「完全雇用」失業率は、決して3・5％の「自然失業率」とやらではない。過去のデータを見る限り、2％前半だろう。

そもそも、日本経済では「構造」的に自然失業率や完全失業率が上昇したわけではない。バブル崩壊後に政府が緊縮財政を実施し、デフレに陥り、総需要という「仕事」が不足した結果、失業率が上昇したのである。

デフレ期の失業率を「長期のトレンド」に含めてしまうと、当たり前だが「自然失業率」は上昇する。デフレが原因で上昇した自然失業率を「完全雇用の失業率」であると定め、「3・5％と試算される自然失業率に近い、ほぼ完全雇用状態」

などといわれては、国民の方はたまったものではない。自然失業率を計算するならば、我が国がデフレに陥った「97年以前の長期トレンド」のみを用いるべきだ。実際に97年以前の失業率から自然失業率を計算してみたところ、2・3％だった。日本の本当の「完全雇用状態の失業率」は、2・3％前後であると筆者は確信している。

しかも、「過去の長期トレンド」などと言い出した日には、日本同様にデフレに陥り、失業率が25％前後にまで上昇しているギリシャやスペインは、自然失業率が10％を超えてしまう。失業率が10％を超えているにもかかわらず、

「完全雇用は達成されている。現在、働いていない失業者は、全て自発的失業者だ」

などと言われても、極端な雇用不足に悩むギリシャ、スペイン両国の国民は絶対に納得しないだろう。

自然失業率の「考え方」は、典型的な「経済学が現実を無視している」発想の一つだ。日本の自然失業率を完全雇用と「定義」すると、平均概念の潜在GDPは、失業率3・5％時点のGDPということになる。失業率3・5％は完全雇用状況ではないため、国内には稼働していない労働者や設備が存在している。その状況で達成されるGDPが「潜在GDP」と言われても、まるで理解も納得もできない。何しろ、稼働していない労働力や

設備が存在しているわけだから、現実問題として「潜在」ＧＤＰでも何でもないわけだ。

当然の話として、平均概念の潜在ＧＤＰは、最大概念のＧＤＰよりも小さくなる。国内に未だ稼働していない労働者や設備がある以上、当たり前だ。平均概念の潜在ＧＤＰを用い、総需要と比較すると、デフレギャップは縮小する。例えば、「最大概念の潜在ＧＤＰを使用するとデフレギャップ状態であるにもかかわらず、平均概念を使っているためにインフレギャップ状態に『見える』」ということが、論理的に起こり得るわけだ。そうなれば、デフレギャップが存在せず、インフレギャップ状態にありながら、国内の物価が下がり続けるという現象が発生してしまう。とはいえ、平均概念の潜在ＧＤＰを用いている以上、インフレギャップ状態とはいえ、国内には過剰な生産能力が存在しているのだ。

少なくともデフレの国では、平均概念の潜在ＧＤＰを使うべきではない。「現実」を正しく把握できなくなり、正しい経済政策の推進を妨げる。

それにもかかわらず、なぜか現在はグローバルに「平均概念の潜在ＧＤＰ」が主流になってしまっている。日本の内閣府や日本銀行も、平均概念の潜在ＧＤＰで測ったデフレギャップのみを発表し、最大概念の潜在ＧＤＰについては無視している。

発言を見る限り、黒田日銀総裁までもが潜在GDPを、「平均概念の潜在GDP」として理解しているようだ。最大概念の潜在GDPではなく、平均概念の潜在GDPで考えれば、確かに現在の我が国は「完全雇用」に近い状況にある。

とはいえ、歴史的なデータを見る限り、正しい日本の完全雇用状態の失業率は2%台前半だ。それにもかかわらず、日本の政策担当者たちが、「経済学のマジック」に引っかかり、完全雇用失業率が3・5%であると認識している可能性が濃厚なのだ。

結果的に、我が国のデフレギャップは過小評価され、政府は総需要拡大策という正しいデフレ対策に乗り出さず、さらに「デフレの原因はデフレギャップではない。マネー量が不足しているためだ」と主張する声が大きくなり、金融政策のみがクローズアップされ、財政出動がなおざりにされてしまったわけである。

それればかりか、現在の日本経済においては、安倍政権が緊縮財政へと舵を切ってしまったため、政策的に総需要が抑制される「財政の崖」に直面している。

まず、14年4月の消費税増税により、国民の所得が8兆円、政府に「余計に」分配されることになった。増税とは、国民が稼いだ所得からの「政府への分配」を増やすことなのだ。

加えて、安倍政権は補正予算について、2013年の10兆円強から、5・5兆円まで減額してしまった。政府の補正予算とは、GDP上の「政府最終消費支出」及び「公的固定資本形成」に相当する。念のため繰り返すが、公的固定資本形成とは、公共投資からGDPにならない用地費等を除いたものだ。

政府が消費もしくは投資として支出をすれば、当然ながら国民の所得が増える。すなわち、我々日本国民は、消費増税と補正予算の減額で、総計13兆円の所得を奪い取られたことになる。GDP三面等価の原則により、付加価値の生産、消費・投資という支出（あるいは「需要」）、そして所得の三つは必ず一致する。

日本国民の所得が13兆円減ると、同時に「消費・投資という需要」も同額分、減少してしまうのだ。上記に加え、駆け込み需要の反動減を加味すると、14年の日本経済は15兆円規模の総需要の縮小（名目GDPのマイナス成長）になってしまう計算になる。15兆円の総需要縮小とは、およそ3％の名目GDPのマイナスだ。

奇しくも、7－9月期の名目GDP（速報値）を見ると、年率換算の減少率が、そのまずばり▲3％となっていた。つまり14年を通じ、我が国の総需要は15兆規模の総需要減少に見舞われた可能性が高いのだ。

繰り返すが、デフレーションとは、バブル崩壊と緊縮財政により、消費と投資という総需要が減少し、供給能力が過剰になることで発生する。供給能力（潜在ＧＤＰと呼ぶ）と総需要（名目ＧＤＰ）の乖離を、デフレギャップと呼ぶ。デフレギャップが埋まらない限り、我が国がデフレから完全に脱却する日はやってこない。そして、２０１４年４月以降、消費増税と補正予算減額という「財政の崖」により、日本のデフレギャップは拡大した。

皮肉な話だが、内閣府が「平均概念の潜在ＧＤＰ」ではじき出した日本の７－９月期のデフレギャップは、年率換算で14兆円である。もし安倍政権が14年４月の消費税増税を凍結し、14年の補正予算を13年並の金額でキープしていた場合、少なくとも「平均概念の潜在ＧＤＰ」で計算したデフレギャップはきれいに埋まったはずなのである。

とはいえ実際には、日本のデフレギャップは14兆円どころではないため（失業率から算出すると、25兆円程度と試算できる）、安倍政権が緊縮に舵を切らない場合であっても、デフレ脱却は困難だっただろう。加えて、安倍政権は増税と公共投資削減という、橋本龍太郎政権が犯した過ちを、そのままなぞろうとしている。

安倍政権の年間15兆円という緊縮財政が、ほぼそのまま、我が国の（平均概念潜在ＧＤＰで計算される）デフレギャップを生み出しているのだ。大々的な政策転換が行われない限り、２０１５年の日本経済は、想定通り「再デフレ化」することになるだろう。

3 安倍政権の根本的な誤解

「デフレは貨幣現象」説

なぜ、安倍政権はデフレ下であるにもかかわらず、緊縮財政を推進しているのだろうか。理由は、デフレの「原因」について正しく理解していないため、としか考えられない。

デフレについて「総需要の不足」ではなく、「貨幣現象」と表現する人がいる。例えば、政府の産業競争力会議の「民間議員」の一人であり、人材派遣大手パソナの取締役会長である竹中平蔵氏は、2013年7月3日の「IT Japan 2013」の講演で、

「デフレの原因は人口減少でも需給ギャップでもなく、マネーの量が少ないということ」

と、語っている。需給ギャップ、つまりは「総需要の不足」がデフレの原因ではないと、断言してしまっているわけだ（人口減少がデフレの原因ではないという点については、同意するが）。

また、安倍政権の内閣官房参与である浜田宏一イェール大学名誉教授は、デフレについて「貨幣的現象」と呼んでいる。

政府の「ブレーン」たちに影響を受けたのか、13年2月7日の衆議院予算委員会の答弁で、安倍総理大臣までもが、

「デフレは貨幣現象であり、金融政策で変えられる」

と、答弁した。

デフレは総需要の不足なのか、貨幣現象なのか。それ以前に、貨幣の定義とは何なのだろうか。

総需要の定義は、明々白々だ。すなわち、名目GDPである。より具体的に書くと、「民間最終消費支出」「民間住宅」「民間企業設備」「政府最終消費支出」「公的固定資本形成」「在庫変動」そして「純輸出」の合計金額こそが、名目GDPであり、総需要なのである。「総需要の不足」とは、誰かの所得になるように使われるお金が「足りない」という話であり、曖昧性が介在する余地はない。例えば、政府が公共投資（公的固定資本形成）としてお金を支出すれば、間違いなく名目GDPは成長する。すなわち、総需要が増える。

それに対し、「貨幣」とは極めて曖昧な表現だ。少なくとも、貨幣には三つの定義が存在している。三つの「貨幣」の定義とは、以下になる。

（1）政府・中央銀行が発行する現金紙幣、硬貨、日銀当座預金残高の合計。いわゆる「マネタリーベース」

（2）銀行に供給されたマネタリーベースが借り入れられ、消費や投資などに使われ、再び銀行に「預金」としてお金が貸し付けられるという、「信用創造（お金の貸し借り）」のプロセスを経て拡大する社会全体のお金の量。すなわち、「マネーストック」。

（3）実際にモノやサービスの購入のために使われたお金の量。すなわち「名目GDP」。

デフレとは、総需要の不足が原因である。総需要とは、名目GDPそのものだ。「デフレは貨幣現象である」あるいは「デフレは貨幣の不足が原因だ」などと主張する論者たちが使う「貨幣」の定義が、（3）の名目GDPであるならば、実は筆者と言っていることは同じになる。すなわち、

「モノやサービスの購入のために使われた『貨幣』の量が足りない」

となり、名目GDP（＝総需要）の不足と同じ意味になるわけだ。「デフレは貨幣現象」と「デフレは総需要の不足」が、全く同一の現象を指し示すことになる。

ところが、「デフレは貨幣現象」と主張する人の多くは、貨幣の定義を明らかにしない。これは、極めて問題がある態度だ。

インフレにせよデフレにせよ、物価の変動とは、

「国民が生産者として生産した、モノやサービスという付加価値の値段が変わること」を意味する。そもそもの定義として、インフレ・デフレとは「モノやサービスの価格の変動」のことなのである。モノやサービスとは、つまりは名目GDPのことだ。名目GDPとなる付加価値の価格が上昇することが「インフレ」、下落することが「デフレ」なのであり、他に定義は存在しない。

逆の言い方をすると、名目GDPとしてカウントされない「非・付加価値」的な商品がどれだけ買われようとも、物価には何の影響も与えないのだ。すなわち、インフレにもデフレにもならない。

重要なので、繰り返す。インフレ率上昇とは、生産者が働いて生産した「付加価値」の価格が上がることだ。デフレーションとは、生産者が働いて生産した「付加価値」の価格が継続的に下がっていくことなのである。すなわち、モノやサービスといった付加価値以外の価格が上昇しようが、下降しようが、インフレ・デフレとは何の関係もないことになる（実際に、関係ない）。

先に、「GDPにならないお金の動き」について、いくつか例を挙げて解説した。GDPにならないお金の動きの代表「株」は、もちろん株式投資である。金融緩和で「お金を借りやすい」状況が生まれたとしても、借りられたお金が証券市場に流れ込み、株式購入に使われた場合、物価には直接的な影響を与えない。株式とは、モノでもサービスでもないためだ（厳密には、証券会社の株式売買サービスのみは購入され、証券会社社員の所得が生まれる）。

日本銀行が通貨を発行し、マネタリーベースを拡大したとしても、マネーストックが十分に増えるとは限らず、国民の所得が増えるかどうかは不明だ。日本銀行が国債を買い取り、代金として「国債を売った銀行」に新たな日本円（マネタリーベース）を供給しても、その時点で（当たり前だが）国民の所得が生まれているわけではない。

国民の所得が生まれないとは、モノやサービスが買われないという話である。モノやサービスが買われない場合、総需要は生まれないため、デフレギャップは埋まらない。すなわち、デフレ脱却は不可能だ。

筆者は、現在の日本銀行副総裁である岩田規久男氏と、副総裁就任前に「デフレの原因」について話したことがある。「デフレは貨幣現象です」と主張する岩田氏に対し、筆者は、

「貨幣の定義は何なのでしょうか？　マネーストックですか？」

と、尋ねた。岩田氏の回答は、

「マネーストックではなく、マネタリーベースです」

であった。

岩田氏の書籍等を読む限り、中央銀行総裁がインフレ目標を宣言し、マネタリーベースを拡大していけばインフレ期待が生まれ、実質金利が低下し、企業の投資や家計の消費が増えるというロジックになっている。実質金利とは、名目金利から期待インフレ率を差し引くことで求められる。

とはいえ、現実世界には実質金利のみで投資決断をするような企業経営者は少ない。というよりも、そもそも「実質金利」など意識していない経営者が多数派なのではないか。企業経営者が設備投資を決断するのは、投資することで「儲かる」と判断した場合のみだ。損を覚悟で投資をするような経営者は、一人もいない。何しろ、企業の目的は「利益」なのである。

すなわち、

「投資利益率＞金利」

という関係が成立して初めて、企業経営者は投資決断を下すのだ。右の式の「金利」は、普通は名目金利である。特に、長年にわたるデフレーション（インフレ率のマイナス）に苦しめられた日本では、「目の前の金利（名目金利）」を超える利益率が確保されない限り、デフレマインドに冒された経営者にとって、投資の判断は困難だ。

現実には、マネタリーベースや期待インフレ率、実質金利がどうであろうとも、企業の投資判断への影響はほとんどないのではないか。何しろ、現在の日本であっても、「全ての産業分野」において、投資が拡大していないわけではないからだ。

筆者が講演の仕事で全国を回り、様々な企業や金融機関の経営者と話した結果、見えてきたことがある。民間の資金需要が伸びず、金利が超低迷する日本国においても、あるいは経済が停滞する地方においても、「銀行融資」と「設備投資」が活発な分野が存在するのだ。それも、二つ。

一つ目は、介護分野である。

介護分野は、ご存知の通り、人手不足が深刻化している。すなわち、「需要>供給能力」というインフレギャップ状態にある。デフレギャップ（需要<供給能力）の逆の環境が成立しているのだ。

介護産業の人手不足を解消するためには、最終的には政府が介護報酬を引き上げ、人件費の引き上げを可能にしなければならない。とはいえ、人手不足を補うために、民間企業レベルで「投資」による生産性向上のための努力は、すでに始まっているのである。

そして、二つ目。筆者が散々に批判を展開してきた、究極のレントシーキング（企業が新たな付加価値を生み出すことなく、政治的に法律を変更させることで利益を得る）、メガソーラーに代表されるFITである。すなわち「再生可能エネルギー特別措置法に基づく再生可能エネルギーの固定価格買取制度」だ。FITの場合、何しろ、

「需要と無関係に、高価格で、長期間、発電した電気を買い取ってもらえる（代金は国民が再エネ賦課金として負担する）」

わけだから、事業が始まれば「必ず儲かる」ことになる（※筆者注：首尾よく事業を始められれば、の話だが）。

というわけで、FIT（主にメガソーラー）の分野では、日本人の「起業家精神」が大いに発揮され、銀行融資と設備投資が拡大し、最後には銀行側が積極的に、

「FITに投資しませんか。お金は貸します」

という状況に至ったのである。

結果的に、FITがどうなったか。電力会社の送電網のキャパシティがパンクし、新規の受付が停止される地域が出てきた。筆者に言わせれば、「当たり前」という話なのだが、結局のところ何を言いたいかといえば、

「儲かるならば、日本人は銀行融資と投資を拡大する」という現実である。「儲かる」「利益が出る」、つまりは「豊かになる」ために果敢に投資するアニマル・スピリットは、今でも日本国民に健在なのだ。

問題は、実質金利ではなく、投資して儲かる先がないことである（あるいは「少ない」こと）。「儲かる」の前提は、介護サービスのように「需要＞供給能力」の関係が成立していることだ。要するに、

「仕事が多くあれば、儲かる。仕事が少なければ、儲からない」

ただ、これだけの話なのである（FITの場合は「国民の損」に基づく仕事、需要の増加だったので、極めて問題なのだが）。

ここで改めて「物価」について考えてみたい。物価とはモノやサービスの価格である。

FIT、メガソーラーの事業を始めるため、事業家が銀行からお金を借り入れ、空いた土地にメガソーラーを設置すると、

「太陽光パネルのメーカー」

「パネルを設置する建設事業者」

の雇用が生まれる。太陽光パネルという「モノ」、パネル設置という「サービス」が付

加価値として「生産」され、事業家が投資（設備投資）として「支出」し、パネルメーカー、建設事業者に「所得」が創出されるわけである。

日銀が国内の銀行などから国債を買い取り、マネタリーベースを増やして、順調にマネーストックが拡大したとしても、それが設備投資に回るかどうかはわからない。もちろん、「回らない」という話ではない。日本の深刻なデフレーションを脱却させるだけの設備投資という「需要」が創出されるかどうかはわからない、という話である。それ以前に、マネタリーベースから十分なマネーストックが創出されるかどうかすら「不明」だ。

マネーストックをマネタリーベースで除した「貨幣乗数」は、今や空前の倍率にまで下がっている。貨幣乗数は、信用創造の力を測るという意味で「信用乗数」とも呼ばれるが、1単位のマネタリーベースが、何単位のマネーストックを創出することができるかを示す指標である。

次ページ【図8】の通り、日本の貨幣乗数は14年10月時点で3・4倍と、空前の水準にまで落ち込んでしまっている。日本銀行が発行した日本円（マネタリーベース）が、預金というマネーストックを生み出すパワーは、確実に低下しているのである。

日本銀行が日本円を発行する際には、主に銀行の国債を買い取り、代金は銀行が日銀に

図８　日本のマネーストック、マネタリーベース（左軸、億円）と貨幣乗数（右軸、倍）

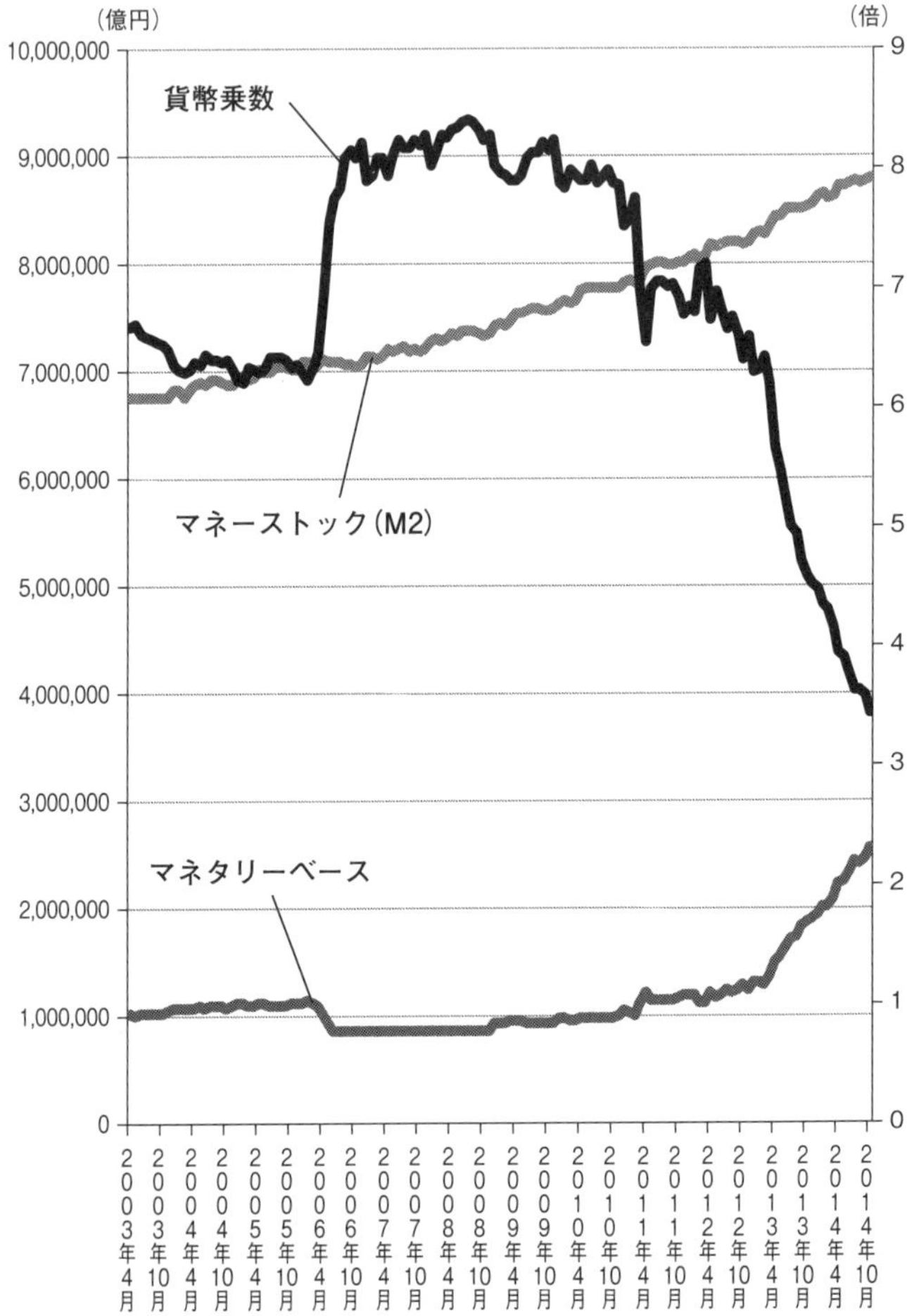

出典：日本銀行

持つ「日銀当座預金」の残高を増やす形で支払われる。日銀当座預金残高の預金については、日本銀行が0・1％の金利を付けている。

銀行は国民から預金を「借り入れ」、国内の企業などに貸し出し、金利を稼ぐのが商売だ。企業への貸出金利と、預金の借入金利の「金利差」が、銀行の所得となる。すなわち、銀行が「生産」した金融サービスに対する「国民の支出」が「所得」になるわけだ。

日本銀行にとっては負債（国内の銀行等にとっては資産）である日銀当座預金残高を見ると、2012年12月末時点では47兆2438億円だったのが、14年6月末には何と152兆3146億円にまで増加している。1年半で、日銀当座預金は100兆円以上も増えたのだ。

それにもかかわらず、我が国はデフレーションからの脱却を果たせていない。日銀がどれだけマネタリーベース（現金と日銀当座預金残高）を増やしたところで、それがモノやサービスの購入に向かわなければ、インフレ率は上がらない。

「デフレは貨幣現象」

の貨幣がマネタリーベースであるという主張は、

「日銀がマネタリーベースを増やしても、マネーストックが十分に拡大するとは限らない

（＝貨幣乗数が低下する）」

「期待インフレ率が上昇し、実質金利が下がっても、十分な投資利益を確保できなければ、企業は投資しない」

の２点から、疑問符を付けざるを得ないのである。

「株価上昇でトリクルダウン」説

それでは「貨幣」がマネタリーベースでも名目ＧＤＰでもなく、マネーストックである場合はどうなるだろうか。「デフレは貨幣現象」というレトリックに基づき、日本銀行が国債を買い取り、日本円の通貨を発行する。すなわち、マネタリーベースの拡大だ。

中央銀行のマネタリーベースが拡大し、国内の銀行に日本円が溢《あふ》れ、安い金利でお金を借りた人が国内で投資をすると、マネーストックは増える。マネーストックは、銀行が民間企業や家計にお金を貸し出す信用創造の仕組みにより、積み上がっていくのだ。

銀行と民間企業、家計との間で「預金と貸出」が繰り返されると、銀行預金残高が増加していく。この銀行預金残高こそが、マネーストックそのものである。

問題は、銀行の「預金と貸出」という信用創造によりマネーストックが増えるのはともかく、貸し出されたお金の「使い道」は限定されないという点だ。すなわち、借り入れられたお金がモノやサービスの購入に向かわなくても、マネーストックは拡大してしまうのである。

「モノやサービスの購入ではない」とは、何も株式投資に限らない。国富としては「有形非生産資産」に計上される土地も、日本国民が生み出したモノにもサービスにも該当しない。土地取引は、株式同様に直接的には日本国民の所得を増やさない（不動産会社の手数料収入のみ所得になる）。

さらに言えば、為替取引も同様だ。市中に溢れかえった日本円で「ドル」が買われたところで、国民の所得は増えない。それどころか、ドルが買われると日本円の価値が下がる、つまりは「円安」になる。円安になると、輸入物価が上昇し、国民の実質的な所得は「需要とは無関係に」下落してしまう。現在進行形で発生している、実質賃金の低下だ。

円安とは、

「外国から購入するモノ・サービスを日本円に換算する際の物差しが小さくなった」

という意味を持つ。日本人が実質的に消費や投資をするモノやサービスの量が変わらなくても、円安は輸入物価を上昇させるのだ。

国内の需要(消費と投資)が拡大したわけではないにもかかわらず、輸入価格が上昇すると、実質賃金は下がらざるを得ない。何しろ、国民の所得は需要状況に依存するのだ。正しい物価上昇とは、支出面の名目GDPという「総需要」が増えた結果、国民の所得を引き上げる形でモノやサービスの価格が上がることである。需要拡大ではなく、円安による輸入物価上昇、あるいは「消費増税」により強制的に物価が引き上げられたところで、国民の所得は増えない。結果、実質賃金は下落を続ける。

「デフレは貨幣現象」派は、現実の日本で「株価上昇」の反面、実質賃金が下落を続けている現象について、いかに評価しているのだろうか。

次ページ【図9】は2012年1月以降の、日経平均と実質賃金指数の推移を見たものだ。12年と比べて、日経平均は2倍近くにまで上昇している。ところが、実質賃金の方は逆に5ポイントも下落してしまった。

日銀が供給した日本円が企業や家計、政府に貸し出され、国内の総固定資本形成(設備投資、住宅投資、公共投資を合計したもの)に回れば、確実に仕事が生まれる。仕事が増え、労働者の供給が足りなくなると、自然と実質賃金はプラスに転じる。

図9　日経平均（左軸、単位：円）と実質賃金指数（右軸）の推移

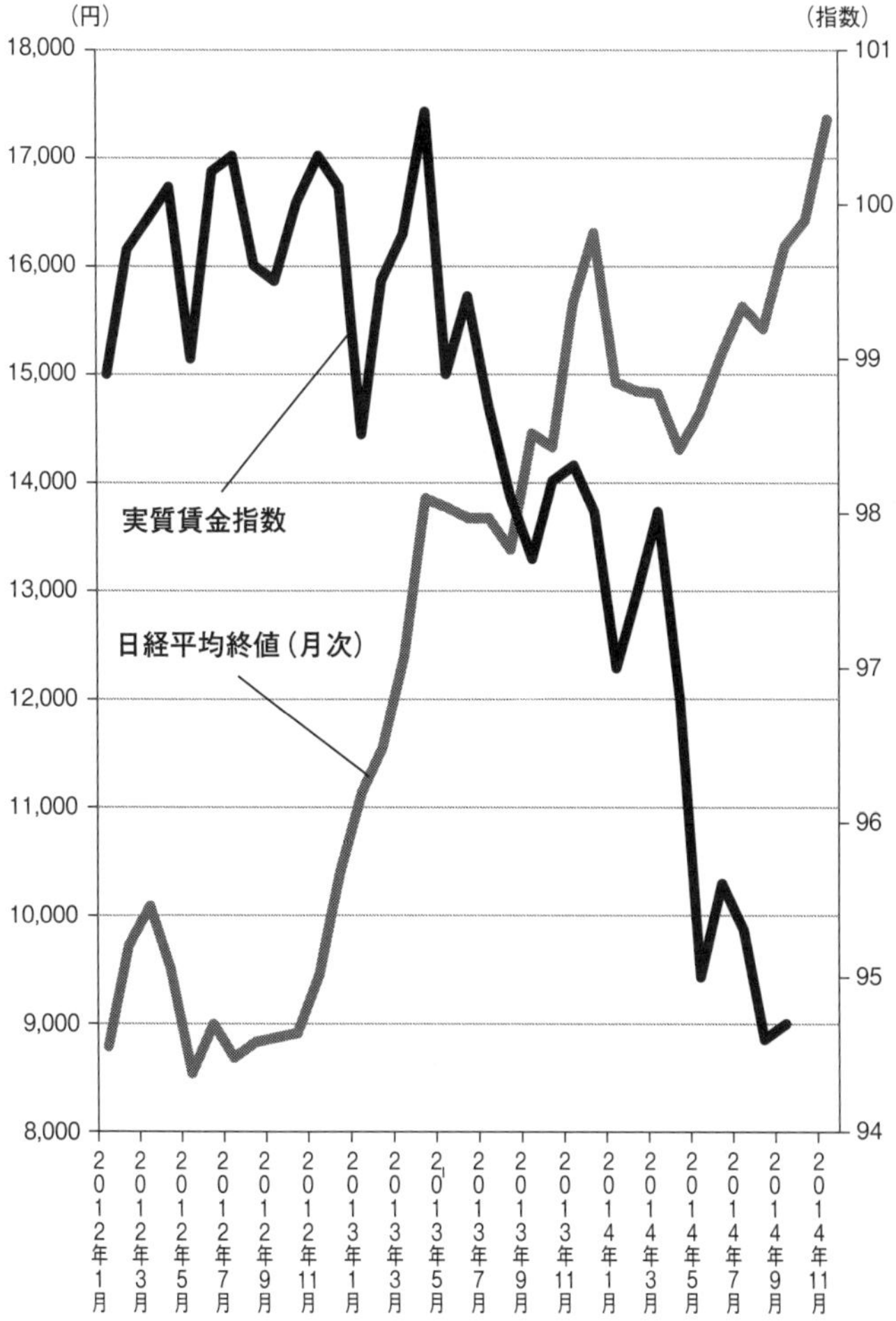

出典：日本銀行

逆に、銀行から貸し出されたお金が株式や土地に向かってしまうと、「マネタリーベースが増えているにもかかわらず、国内に雇用が生まれない」環境が生じ得るわけだ。国内に雇用が生まれないとは、「所得」「消費・投資」「付加価値の生産」が創出されないことと、イコールだ。デフレが総需要（消費、投資）の不足が原因で発生する以上、「マネタリーベースが増えたとしても、デフレから脱却できない」状況は十分に起き得るのである。

特に、我が国の場合は株価が「外国人投資家」の影響を受けやすい環境に置かれている。理由は、株式取引に外国人投資家が与える影響が大きいためだ。

次ページ【図10】の通り、日本の株式保有に占める「外国法人等」の割合は、２０１３年に30％を超えた。それだけならまだしも、13年の東証売買シェア（株式の売り＋買い）を見ると、何と65％が「海外投資家」なのである。

日本国民は、株式を購入したとしても、それほど頻繁に取引をしたりはしない。というよりも、株式とは本来、「企業の資本の所有者（＝株主）となることで、配当金という果実を得る」

図10　日本の投資部門別株式保有比率の推移

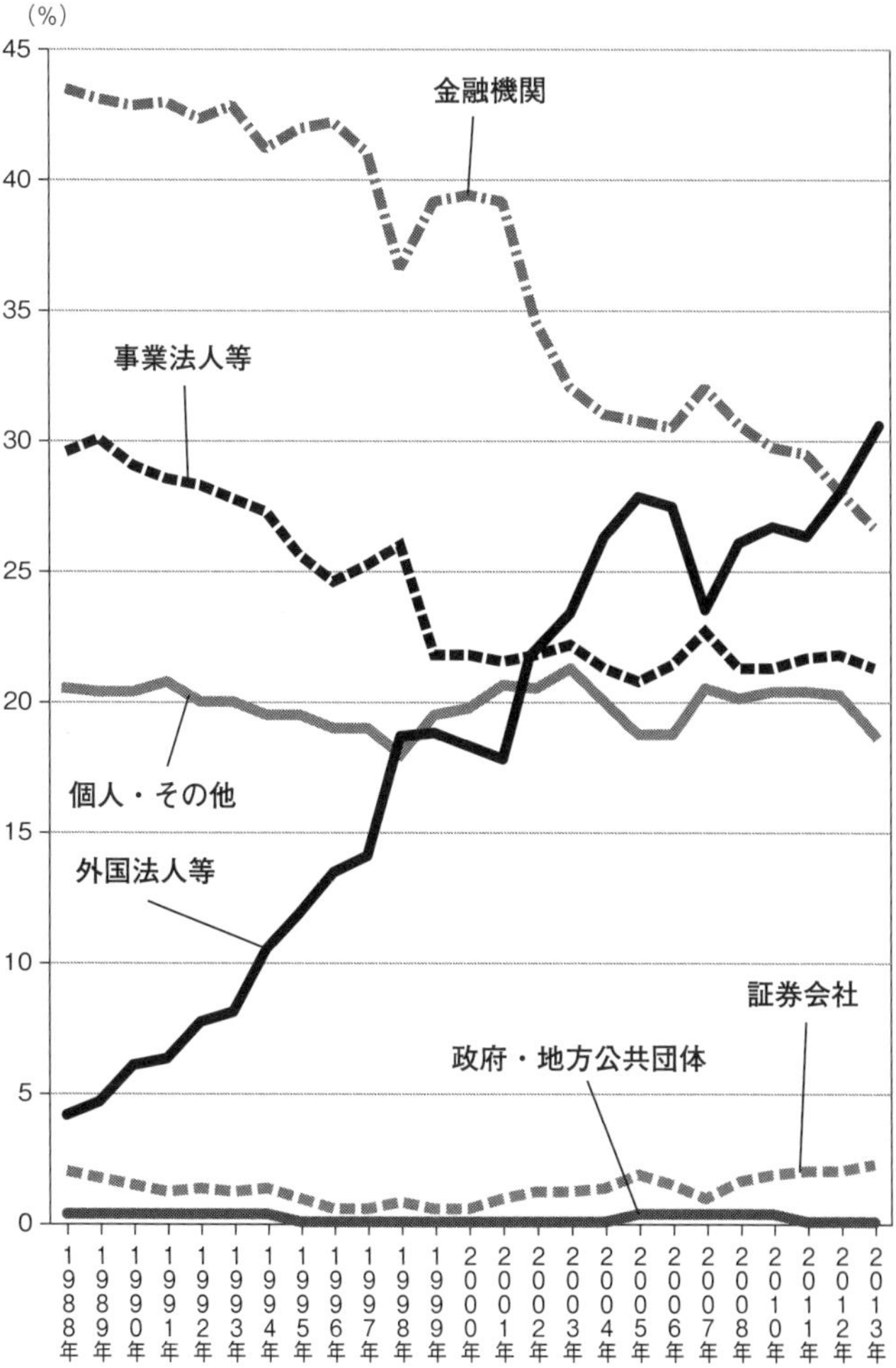

出典：東京証券取引所

ために購入する金融商品である。

株主に支払われる配当金は、企業が稼いだ純利益という「所得」の分配だ。株主は株式を保有することで、企業の所得の一部を分配してもらう権利を得るわけだ。

企業が稼いだ税引き前利益という「所得」から、まずは法人税という形で「政府への所得分配」が実施される。そして、法人税を支払った残りの純利益から、株主への配当金が支払われる。

株主は株式を保有する企業が赤字になってしまった場合、何の果実も得られない。とはいえ、「投資」とはそもそもそういうものなのである。

それに対し、外国人投資家が求めているのは、もちろん配当金という「所得の分配」もあるだろうが、それ以上に狙いは値上がり益、キャピタルゲインだ。要するに、株式の価格が上がるか、下がるかの「賭け」がメインビジネスになっているのである。

というわけで、外国人投資家は円安になると、日本株を買い越す。何しろ、「外貨（ドルなど）」でものを考える外国人投資家にとって、円安とは、「日本の株式が、お買い得になった」ことを意味するわけだ。

第二次安倍政権発足とともに、日本銀行の大々的な金融緩和が実施された。マネタリーベースの拡大だ。銀行に供給されたマネタリーベースは、まずは「為替」に向かった。日本円が売られ、ドルなどの外貨が買われた。日本円からドルへの両替が増え、為替レートは円安に動いた。

結果、2013年、外国人投資家は日本株を15兆円も買い越したのである。この年、日経平均は年間で57％もの上昇を見せる。何と、41年ぶりの上昇率だ。

とはいえ、日経平均がどれだけ上昇しても、それ自体で国民の所得が生まれるわけではない。無論、日経平均上昇を受け、「巧く売り抜けた人」は、莫大なキャピタルゲインを得たのかも知れない。とはいえ、キャピタルゲインは所得には該当しない。

それどころか、金融政策拡大で過度に円安が進むと、輸入物価が押し上げられるため、国民の実質賃金はかえって減少してしまう。

14年11月4日。安倍総理大臣は国会答弁において、金融政策拡大による株価上昇が、「大きな資産効果をよび、消費に結びつき、経済成長にプラスになる」と、発言した。まさに、問題を正しく認識していない政治家特有の「トリクルダウン答弁」そのものだ。総理は株価上昇が消費を呼び起こすと「断言」しているわけだが、現実の資産効果がいかほどか、事前にわかる者はこの世にいない。

資産効果とは、株価や土地の価格が上がり、キャピタルゲインや「含み益」を得た人が、気分が良くなり、消費などを拡大することで所得が創出されるという「トリクルダウン効果」の一種だ。確かに、株価上昇は国内の消費拡大に貢献したかも知れないが、国民の実質賃金を引き上げるには不十分だった。結果、消費税増税前から日本の実質賃金は対前年比でマイナスの状況が続いている。

そもそも、日本の家計の金融資産に株式・出資金が占める割合は、9・1%（14年6月末時点、以下同）に過ぎない。日本の家計の金融資産は、先述の通り現預金が圧倒的なシェアを持っている。

これがアメリカならば、株式・出資金が金融資産の33・5%を占めている。NYダウが最高値を更新し続ければ、間違いなく日本よりも大きな資産効果が生まれるだろう。ところが、日本の家計の株式の割合は、アメリカの三分の一未満の水準なのである。

そもそも、

「株価が上昇すれば、国内の消費や投資が増え、国民の所得が増える」

とは、今や廃《すた》れつつある「トリクルダウン仮説」に基づいた考え方だ。先に、安倍総理の答弁について「トリクルダウン答弁」と表現したが、黄金の拘束衣を着た政治家の特徴は、この種の現実離れした「仮説」を盲信しがちなことである。

トリクルダウン仮説とは、

「富める者が富めば、貧しい者にも自然に富が滴り落ちる（トリクルダウンする）」

という「考え方」になる。１９８０年代以降、アメリカなどではこの仮説に基づき、富裕層や法人に対する減税が実施されてきた。

より具体的なトリクルダウンの「考え方」を、以下に解説する。

株価が上昇することで、株式を金融資産として保有している投資家が、国内で雇用が創出される消費や投資を拡大してくれれば、確かに「トリクルダウン」が成立する。安倍総理の答弁も、この「考え方」に基づいているわけである。

他にも、例えば、

「富裕層に減税すると、国内の預金が増え、金利が下がり、企業が設備投資を拡大することで、国内に雇用が生まれる」

「黒字企業の法人税を減税し、純利益を増やせば、国内の設備投資が増え、雇用が生まれる」

などなど、トリクルダウンの「原資」は、多数派の国民の「損」に基づくケースが少なくない。富裕層や法人に減税をすると、普通の国（デフレに陥っていない国）の政府は、減税額分、支出を絞り込むか、もしくは別の財源を確保しなければならない。いずれにせよ、減税で恩恵を受けた一部の国民や企業「以外の国民」が損をする。

現在、日本国内では法人税減税の財源として、一部の官僚や政治家が「配偶者控除の廃止」や「外形標準課税の強化」を模索している。配偶者控除を廃止すると、結婚している夫婦の家計が「損」をする。配偶者控除廃止とは、働いていない主婦に対する「増税」に相当するのである。

また、外形標準課税とは、企業の「事業所の床面積」「従業員数」「資本金」など、外観から客観的に判断できる基準を課税ベースとし、税額を算定する課税方式である。すなわち、法人税とは異なり、「利益」を出していない企業であっても、外形標準課税の下では税金を徴収されることになる。

外形標準課税は、２００４年から資本金1億円超の法人企業に対し、すでに適用されている。さらに、法人税を減税するに際し、外形標準課税の適用対象を、資本金1億円未満の中小企業にも拡大しようという「目論見」なのだ。

当たり前だが、外形標準課税が強化されると、赤字の中小企業までもが課税対象となる。

すなわち、利益が出ていない資本金1億円未満の中小企業が「損」をする。黒字企業の法人税を減税するために、主婦や資本金1億円未満の中小企業に「損」をさせる。多数派の国民に損をさせても、一部の優良企業に「減税」という形で「得」をさせれば、国内への設備投資が増え、国民経済（GDP）が成長するため、それでよいとトリクルダウン論者は主張するわけだが、本当にそうだろうか。

何しろ、現在は国境を越えた資本移動が自由化されてしまっている。国民の「損」に基づき、法人税を（無条件で）減税したとしても、増加した企業の純利益が「対外直接投資」に向かうと、国民の所得は1円も増えない。増えるのは、企業が投資した相手国の雇用であり、外国人の所得だ。

あるいは、企業が自社株買いや配当金増額に「国民の損に基づく利益」を投じた場合も、直接的には日本国民の所得は増えない。自社株買いとは、企業が利益を自社の株式購入に投じ、株価を吊り上げる手法だ。

「金融経済で国民が豊かになる」説

いわゆる「実体経済」とは、25ページ【図3】の「所得創出のプロセス」における「経済」を意味する。日本国民が生産者として働き、モノやサービスという付加価値を生産し、顧客が消費、投資としてお金を支出してくれれば、所得が生まれる。また、「豊かになる」とは、所得が増加していくこととイコールだ。

それに対し、株式や土地、為替など、お金が国民の労働により生まれたわけではない商品の購入に回る「経済」は、金融経済と呼ばれる。金融経済の世界でどれだけ株式が購入されても、しつこいようだが直接的には国民の所得は増えない。

85ページ【図9】の通り、実体経済で国民の所得が5%超の下落になる反対側で、金融経済において株式の価値が2倍近くに拡大した。現在の日本では、実体経済と金融経済の「乖離」が発生していることがわかる。

実体経済と金融経済の違いを一言で書くと、

「実体経済ではインカムゲイン（所得）が、金融経済ではキャピタルゲイン（値上がり益）

が重視される」

となる。当然、金融経済において株式を購入した株主に支払われる配当金は、インカムゲインである。というよりも、配当金は「出所」自体が企業の純利益、つまりは所得なのだ。それに対し、キャピタルゲインは値上がり益、つまりは資産価格の変動によって得られる益になる。自らが株式を買った時点より、株価が上昇した段階で売却すれば、値上がり益を得られる。逆に、株価が下落してしまうと、値上がり益は発生しない。

現実問題として、株式を購入する人の多くは、値上がり益が目的なのではないか。特に、IPO（新規公開株）を首尾よく購入できると、わずか数日で資産価格が数倍に拡大する可能性もあるわけだ。まさに、一攫《かく》千金の「可能性」を秘めているのが、株式投資なのである。

1980年代以降の世界では、株主資本主義が蔓延し、企業までもが「株価重視」の経営を実施するようになってしまった。理由の一つは、経営者や社員の報酬の一部が「ストックオプション」になったためである。ストックオプションとは、

「特定数量の株式を特定金額で購入できる権利」

である。通常、ストックオプションは権利を得てから、一定期間は行使できない。

例えば、1株20ドルで1000株を購入できるストックオプションを持ったとしよう。権利行使が可能となった1年後、株価が100ドルに上昇していたとする。その場合、ストックオプションの保有者は、

「20ドル×1000株で株を買い（2万ドル）、100ドル×1000株で株を売却した（10万ドル）」

ことになり、10万ドルから2万ドルを差し引いた8万ドル（約880万円）を、何もせずに得ることが可能なのだ。

ストックオプションが報酬に含まれてしまうと、企業経営者は「株価を引き上げる」ことを経営目的化してしまう。企業が経営目的を「株価上昇」に置くことは、株主たちにとって実に都合がいい話だ。何しろ、ほとんどの株主は、企業の株式に投資することで「企業を所有」している感覚などない。単に、「より大きなキャピタルゲイン」を求め、株式を購入し、保有しているに過ぎない。

結果的に、日米欧などの主要国の企業が、純利益を「自社株買い」に使う傾向が強まってきた。2013年の景気拡大を受け、利益が拡大した日本企業の経営者は、実際に自社株買いを増やしている。ブルームバーグ・データによると、2014年に発表された自社

株買いは、東証一部だけで152社に及ぶ。設定枠の総額は、実に2・5兆円。ひと月の自社株買い設定枠が1000億円を上回る状況は、07年－08年にかけての自社株買いラッシュ時をも上回っている。個別に見ると、これまでと比べて規模の大型化が目立つとのことである。

アメリカの場合は、さらに凄まじく、企業による自社株買いが記録的な高水準を維持している。2014年は、米企業が発表した利益の90％以上が、自社株買いもしくは配当という形で株主に還元された。純利益の90％超が、株主のために使われたわけだ。

無論、株主への還元が「悪」であるとは言わない。株主に報いることも、企業の目的の一つだ。とはいえ、同時に企業は給料を支払うことで「従業員」を、納税することで「社会」をも豊かにすることが求められる。そのために必要なのが、利益なのである。

さらに言えば、企業の究極的な目的は、利益を「技術投資」「開発投資」等に投じることでブレイクスルーを実現し、人々の生活を「新たなステージ」に導くことだ。現在の先進国の国民が、それなりに快適で豊かな生活を送れているのは、過去の企業（及び政府）が将来のために投資を実施してくれたおかげである。すなわち、投資とは「将来への利益の分配」という意味を持つのだ。

株主資本主義、あるいは「株主中心主義」は、

「企業が従業員に充分な所得を分配することを不可能とし、地域経済の購買力を縮小させる」

「法人税が政治的に引き下げられ、企業が地域社会などに貢献することを不可能とする」

「将来のために、企業が新たな技術、製品に投資を拡大することを不可能とする」

などの弊害をもたらすことになる。

これらはそれほど難しい話ではなく、要するに企業の所得である「利益」を、どのように分配するかというバランスの問題なのだ。企業の利益は、従業員、地域社会（税金）、将来（投資）、そして株主に分配される（残った利益は内部留保になる）。

利益の分配のバランスが崩れると、

「企業の人件費が高くなりすぎ、新たな投資が行われず、スタグフレーションをもたらす」

「企業が支払う法人税が高くなりすぎ、脱税が横行する」

など、各種の問題が発生することになる。そして、現在の利益分配のバランスは、株主に偏りすぎており、

「株主への還元が優先された結果、労働分配率が下がり（人件費が下がり）、法人税が引き

下げられ、投資が疎《おろそ》かになっている」

という問題が発生しているということだ。

現在の日本の株高について、

「株価は先行指数であるため、日経平均が上昇しているのだ」

と、未だに主張している人がいる。現実には、もはや株価は先行指標でも何でもない。

何しろ、国境を越えた資本移動が自由化されているのである。

冷戦期、厳密に言えばニクソン・ショックにより資本移動の自由化が始まる「前」の時代であれば、話はわかる。当時、日本国内で稼がれた所得は、日本国内に再投資されるしかなかった。

ニクソン・ショック以前の時代、国境を越えた資本の移動には制限がかけられており、モノ（製品）の輸出の決済以外の為替取引は、基本的にはできなかった（そもそも、為替レートは1ドル＝360円の固定相場だった）。

一般人が自由に日本円を外貨に両替し、外国債券や外国株式を購入することは規制されていた。というよりも、そもそも一般人は為替取引ができなかった。当たり前だが、ＦＸといった業態は存在しなかった。

企業にしても、国内で稼いだ所得、あるいは銀行から融資を受けた資金を、外国への直接投資に投じることはできなかった。輸出で稼いだ外貨についても、基本的には日本円に両替され、国内の所得分配（給与の支払い等）や国内投資に回された。

あるいは、企業同士が株式を「持ち合う」ケースも少なくなかった。株式持ち合いは、企業同士の関係を強め、ビジネスを安定化させた。

銀行に預金された家計の貯蓄も、やはり国内に投資された。当時の国債金利は今とは比較にならないほど高かったが、預金金利も決して低くはなかった。定期預金で7％の金利がついた時代があったことを、多くの日本国民はすでに忘れてしまっている。

より高い利回りを求める銀行は、企業の株式に預金を投じた。特に、メインバンク制というシステムが健在であったため、銀行と企業の関係は強化された。株式持ち合いやメインバンク制は、「株主の安定化」をもたらしたのである。

安定した資本環境の下、日本企業は大いに設備投資、人材投資を拡大し、我が国は高度経済成長を果たした。

その後、ニクソン・ショック、バブル崩壊、ＢＩＳ規制の導入、そして橋本政権から小泉政権にかけての「金融ビッグバン」により、状況は一変した。銀行はＢＩＳ規制を維持するため、企業の株式を放出。メインバンク制は消滅し、株式の持ち合いも姿を消した。外国人投資家が自由に日本に投資することが可能となり、個人の為替取引までもが解禁され、ＦＸ業態が誕生した。

87ページ【図10】で見た通り、バブル期には5％前後だった日本の株式保有に占める外国人投資家のシェアが、橋本政権、小泉政権を経て急増し、２０１３年には30％を超えたのだ。

第二次安倍政権の政策、

「金融緩和により為替レートを引き下げる」

「法人税を無条件で減税する」

「各種の労働規制の緩和で、国民の賃金を引き下げる」

「外国移民を受け入れて、国民の賃金を引き下げる」

「株主権限を強める形のコーポレートガバナンスを強化する」

「年金積立金管理運用独立行政法人（以下、ＧＰＩＦ）のポートフォリオについて、日本株12％、外国株12％から、日本株25％、外国株25％に引き上げる」

等は、全て日本株への投資を促し、日経平均を引き上げる政策だ。

日本の株式が購入され、株価が引き上げられても、直接的には国民の所得を増やすわけではない。逆に、キャピタルゲインを目的とした「ギャンブル（賭け）」として日本株に莫大な資金を投じる、外国人投資家を利することはできる。

安倍総理大臣は、果たして「誰を見て」政治を行っているのだろうか。

4 株価に縛られた政治家

グローバル化とは「黄金の拘束衣」を着ること

アメリカのジャーナリスト・コラムニストであるトーマス・フリードマンは、著作『レクサスとオリーブの木』（草思社、2000年刊行）において、グローバル化が進展し、政府の政策が国際的に一律化され、選択肢が制約される状況について、「黄金の拘束服」という比喩で説明した。日本では「拘束服」よりも「拘束衣」の方が一般的であるため、筆者は「黄金の拘束衣」という表現を採用させてもらう。

「黄金の拘束衣」について理解すると、なぜ安倍政権が外国人投資家向け政策ばかりを推進するのか、本質が見えてくる。

グローバル株主資本主義がパワーを持つ現代世界では、「株価」が政治に大きな影響を及ぼす。いくら所得が増えるのか、いつ所得が増えるのかが「曖昧」な資産効果は別として、金融資産の一種である株式の価格がいくら上昇しようとも、直接的には国民の所得に影響しないのである。ところが、多くの国民はそうは思わない。不思議なことに、株式を持っていない国民までもが、株価に一喜一憂するのが現代という時代なのだ。

当然、株価が下落した時期の政権は支持率が下がる（典型が麻生政権）。逆に、株価が上昇する時期の政権は、人気が出やすいわけである。支持率を維持し、長期政権を目指したいならば、総理大臣は株価を重視せざるを得ない。

結果的に、政権や与党の政治家たちは「株価」に引きずられた政権運営に乗り出さざるを得なくなる。すなわち、経済政策の重点が「国民の所得」ではなく、日本でいえば「日経平均」に置かれてしまうのである。

しかも、我が国の株式市場では「外国人投資家」の影響力が増している。先述の通り、1990年には5％程度だった日本の株式保有に占める「外国法人等」が、2013年には30％を突破した。投資部門別でみると、外国法人が国内金融機関を抜き去り、トップになってしまっているのだ。

さらに、これまた繰り返しになるが、日本の株式市場における外国人投資家の「売買シェア」は、2013年の数値で65％に達している。日経平均は「構造上」の問題で、外国人投資家の影響を大きく受けざるを得ないのである。

外国人投資家は、日本企業のファンダメンタルなどを評価し、株式の売買をしたりはしない。彼らの多くは、為替レートを基準に株式の売り買いをしている。すなわち、円安になると「外貨」にとって日本株がお買い得になるため、買い越す。逆に、円高になると「外貨」にとって売り時であるため、売り越す。ただ、それだけの話なのだ。

外国人が為替レートを眺めながら日本株の売買をしているため、日本政府が「日経平均」の押し上げを望むならば、金融緩和を拡大し、円の為替レートを引き下げればいいことになる。円安になれば、実体経済がどうであろうとも、外国人が日本株を買い越すため、日経平均は上がる。

ＧＰＩＦ（年金積立金管理運用独立行政法人）という「国民の年金」を株式で運用すると、なおさら効果覿面だ。何しろ、「国民の年金」であるため、株式を保有しない国民であっても、株価上昇の好影響を（将来的には）受けることになる。ますます、国民は株価と政権支持率をリンクさせるようになり、政権側は、

「日経平均を上げさえすれば、政権支持率は維持される」

と思い込み（ある程度は事実なのだが）、国民の所得を拡大するどころか、人件費引き下げや労働市場の規制緩和など、実質賃金を引き下げる政策が次々に繰り出されることになる。政策的に人件費を引き下げてあげれば、企業は「努力なし」で純利益を拡大することが可能だ。

純利益が大きくなれば、配当金が「より多く」支払われ、「より多く」の金額が自社株買いに使われる、そう外国人投資家に思い込ませることができれば、日本株への証券投資（間接投資）を増やし、日経平均を上昇させることができる。日経平均が上がれば、政権支持率が維持され、政権の長期化が可能となる、というストーリーなのである。

あるいは、法人税減税だ。国境を越えた資本移動が自由化されている以上、企業が工場や設備といった「資本」を外国に持ち出すことを止める術《すべ》はない。すなわち、企業は政府から「自由になった」のである。

企業の目的が「利益の最大化」である以上、「より安く」生産が可能な国に資本を移す誘惑から、経営者が逃れるのは困難だ。無論、グローバル投資家を含む、株主からのプレッシャーもある。

というわけで、企業は政府に対し、法人税引き下げを求める圧力をかける。法人税を引き下げなければ、「外国に出ていく」という脅しが有効になってしまうのだ。

経済成長が遅れた後発国などに至っては、外国資本を誘引するために、法人税引き下げ競争を繰り広げる。最終的には、なぜか日本のように国内資本の蓄積が十分で、企業や技術が健在な国においてさえ、

「外国投資を呼び込むため、法人税引き下げが必要だ」
「国内企業を国内にとどめるため、法人税引き下げが必要だ」
といった論調が社会にはびこることになるわけである。

トーマス・フリードマンの『レクサスとオリーブの木』を読むと、90年代後半に本格化した「現在のグローバリズム」の本当の姿は、基本的に、
「発展途上国への直接投資と証券投資」
の問題であることがわかる。すなわち、国境を越えた資本移動の自由化だ。

発展途上国は、国民経済の供給能力が不足している。というより、すでに解説した通り、国民経済の供給能力が足りないからこそ、発展途上国なのである。

供給能力（潜在GDP）が不足している以上、国民経済は常にインフレ基調で、貿易赤字も拡大する。貿易赤字の拡大は、経常収支を赤字化に導く。すなわち、国内が貯蓄不足に陥り、政府が歳入以上の歳出を図った場合、外国からの借入に頼らざるを得なくなってしまう。

とはいえ、ハードカレンシーですらない国の通貨でお金を貸してくれるような、奇特な外国人投資家はいない。供給能力不足の発展途上国の政府が、国際金融市場で国債を発行

する場合、必然的に通貨が外貨建て（特に、ドル建て）にならざるを得ないのだ。

外貨建て国債の増加は、放置しておくと「財政破綻」、すなわち政府の債務不履行につながる可能性がある。特に、自国の通貨をドル等にペッグ（固定）している国の政府が外貨建て負債を増やすと、対ドル固定相場制の崩壊と同時に「外貨建て負債」の実質的な価値が膨張し、瞬く間に政府が債務不履行に陥る。まさに、このパターンで発生した「危機」が、97年のアジア通貨危機なのである。

外貨建て負債が多い国の政府が、財政破綻を避けるためには、国民経済の供給能力を「鍛え」、財政は引き締めなければならない。

そのためには、増税や政府支出削減などの緊縮財政を実施し、さらに「非効率」な国営企業を民営化する。民間のビジネスにおいても、新規参入を阻む様々な規制を緩和、撤廃する必要がある。政府の財政赤字を削減し、供給能力を高めることでインフレギャップを埋め、インフレ率を抑制すれば、国際金融市場における国債金利が下がり、財政破綻を回避できる。

上記の一連の政策パッケージこそが、まさにＩＭＦが発展途上国に押し付けた「ワシントン・コンセンサス」である。さらに、各国の政府の「お目付け役」を果たすのが、ムーディーズやS&Pに代表される格付け会社というわけだ。

格付け会社による格下げ判断を回避するため、各国の政府は緊縮財政と規制緩和、民営化等、一連の政策パッケージを採用せざるを得なくなり、政策が一律化されていく。

さらに、発展途上国は資金はもちろんのこと、供給能力を高めるための技術も不十分なのが普通であるため、「外国企業の誘致」という課題が生まれる。

外国企業からの直接投資や証券投資を増やすためには、国境における資本移動を自由化し、国内市場においては様々な金融関連規制を撤廃。外国資本が「自由に」ビジネスを展開できるような環境にすると同時に、「法人税引き下げ」により「他国との外国企業争奪戦」に勝つ必要があるわけだ。

この種の一連の「構造改革」こそが、まさにグローバル化の真骨頂だが、当然ながら国民からの反発を買いやすい。そのため、アジア通貨危機後にIMF管理下に入った韓国のように、何らかの「ショック」を利用して断行されるケースが多いのである。いわゆる、ショック・ドクトリンだ。

一度、その国の施政者が上記のコンセンサス、構造改革・グローバル化路線を受け入れてしまうと、自国の証券市場における外国人投資家の、プレーヤーとしてのパワーが高まっていく。さらに、自国の経済の「外国の供給能力」への依存度も高まっていくことになる。例えば、現在の日本が一部の分野において外国移民を受け入れたとしよう。その場合、同分野の需要が消滅しない限り、国民経済が外国人という「外国の供給能力」に次第に依存するようにならざるを得ない。

そして、ある時点で、我が国は、「もはや、外国人労働者なしでは経済の供給能力を維持できない」状態に陥り、現在のドイツのように「我が国は移民国家である」と認めざるを得ない事態に至る。

資本の問題も同様だ。証券投資にせよ、直接投資にせよ、国内の証券市場や実体経済において外国人プレーヤーが存在感を高めていくと、いずれ、「外国の資本や企業に出ていかれると、経済が成り立たなくなる」段階に達する。結果的に、政府は「国民の主権」で選ばれた存在でありながら、自国民のための政治ができなくなってしまうのだ。政治の目的が、国民が豊かに安心して暮らすことではなく、「（国内大手を含む）グローバル企業とグローバル投資家を、自国に惹きつける」

へと変質してしまうのである。

すでに、日本の場合は証券市場の取引が「外国人中心（65％）」になってしまっている。政府が株価を維持しようとした場合、通貨安により輸入物価が押し上げられたとしても、外国人投資家が「日本株を買いやすい」環境を維持せざるを得なくなるのである。

また、年金を運用するＧＰＩＦのポートフォリオが株式に偏っていくと、いずれ日本国民までもが、

「株価を維持しなければ、年金制度が崩壊する。外国人投資家に媚《こ》びた政治が行われても仕方がない」

と、思い込み始めるのだ。

発展途上国化（＝フラット化）する世界と日本

とはいえ、「黄金の拘束衣」を身に着けた政府がグローバル化路線をひた走ると、国民は貧困化する。というよりも、そもそも構造改革やグローバル化とは、先進国の国民の実質賃金を「グローバル市場において、価格競争力がある」水準に下げることなのである。

国際的に価格競争力を持つようなレベルに、国民の人件費を引き下げる。すなわち、「底辺への競争」だ。

「底辺への競争」の悪影響を、日本の近隣諸国の中で最も被《こうむ》っているのが、実は台湾である。台湾は、中国からの労働者の移入について、規制を維持している（それでも、入ってくるのだが）。理由は、台湾は中国本土と言語が同じで、「言葉」という参入障壁がない以上、中国移民を全面的に受け入れてしまうと、台湾の若者たちは大陸からやってきた「所得水準が低い」労働者たちと、真っ向からの勝負、正面競争を強いられてしまうためだ。

中国の労働者と低賃金競争を繰り広げると、台湾国民が貧困化するのは明らかである。そのため、台湾政府は長年、中国人労働者の国内への流入を何とか食い止めようと努力を続けてきた。

ところが、「労働者の国境を越えた移動」を規制しても、「資本の国境を越えた移動」を自由化してしまえば、結局は同じ話になってしまうのだ。

２００１年11月、台湾政府は中国向け直接投資（工場建設など）の上限を撤廃した。しかも、台湾の主力産業であるノートパソコン、半導体についてまでも、投資を解禁してしまったのである。

さらに、同年12月に中国と台湾が同時にWTO（世界貿易機関）に加盟した。結果的に、台湾企業の爆発的な対中直接投資の増加を引き起こしてしまう。

1990年時点で5・9％に過ぎなかった台湾の「対外直接投資残高対GDP比率」は、2012年には12・5％に達した。そのほとんどが、台湾の虎の子の製造業による対中投資の拡大だったのである。

対中投資が増え、台湾国民は結局、中国人民と「低賃金競争」を繰り広げる羽目になってしまった。当然、台湾の労働者、特に若年層の実質賃金が低下することになり、同国は世界一の少子化国と化した。14年5月のひまわり学生運動や、11月の統一地方選挙の国民党大敗北の背景には、「親中国路線」で自分たちの生活が脅かされているという国民の危機感があったのだ。

1990年代以降、製造業では「モジュール化」「グローバルスタンダード」が広まった。本来、資本利益率の引き上げは、「同じ労働者が生産できる付加価値を高めるための、技術開発投資」によって実現されるべきだが、グローバル化が進んだ世界では、「同じ製品を、より安い人件費で生産するための、対外直接投資」

が選択されるようになってしまうのだ。

何しろ、そちらの方が資本利益率を確実に引き上げてくれる。技術開発にお金を投じても、将来実を結ぶかどうかはわからない。しかも、首尾よく果実を収穫できたとしても、あくまで「未来」の話なのだ。株主、特にグローバル投資家たちは、長期ではなく「短期」の利益を求める。

短期間で利益を増やすことを求められた企業経営者は、人件費の削減に乗り出さざるを得ない。国内の賃金水準を切り下げるだけでは株主の要求を満たすことができない場合、対外直接投資により、工場という資本を外国に移転することを選択し、国内から雇用の場が失われる。

対外直接投資の拡大は、特に先進国の国民の所得を「後発国（企業の進出先）の労働者」及び「グローバルな投資家」に移転する結果を招いた。

次ページ【図11】のAが「先進国労働コスト」、Bが「後発国労働コスト」になる。資本を先進国から後発国に移すことで、企業は「人件費」を大幅に圧縮することが可能となる。結果的に、経営者、金融業者、投資者、消費者等への「所得移転」が発生する。数式で書けば、

図11　グローバル化による「所得移転」

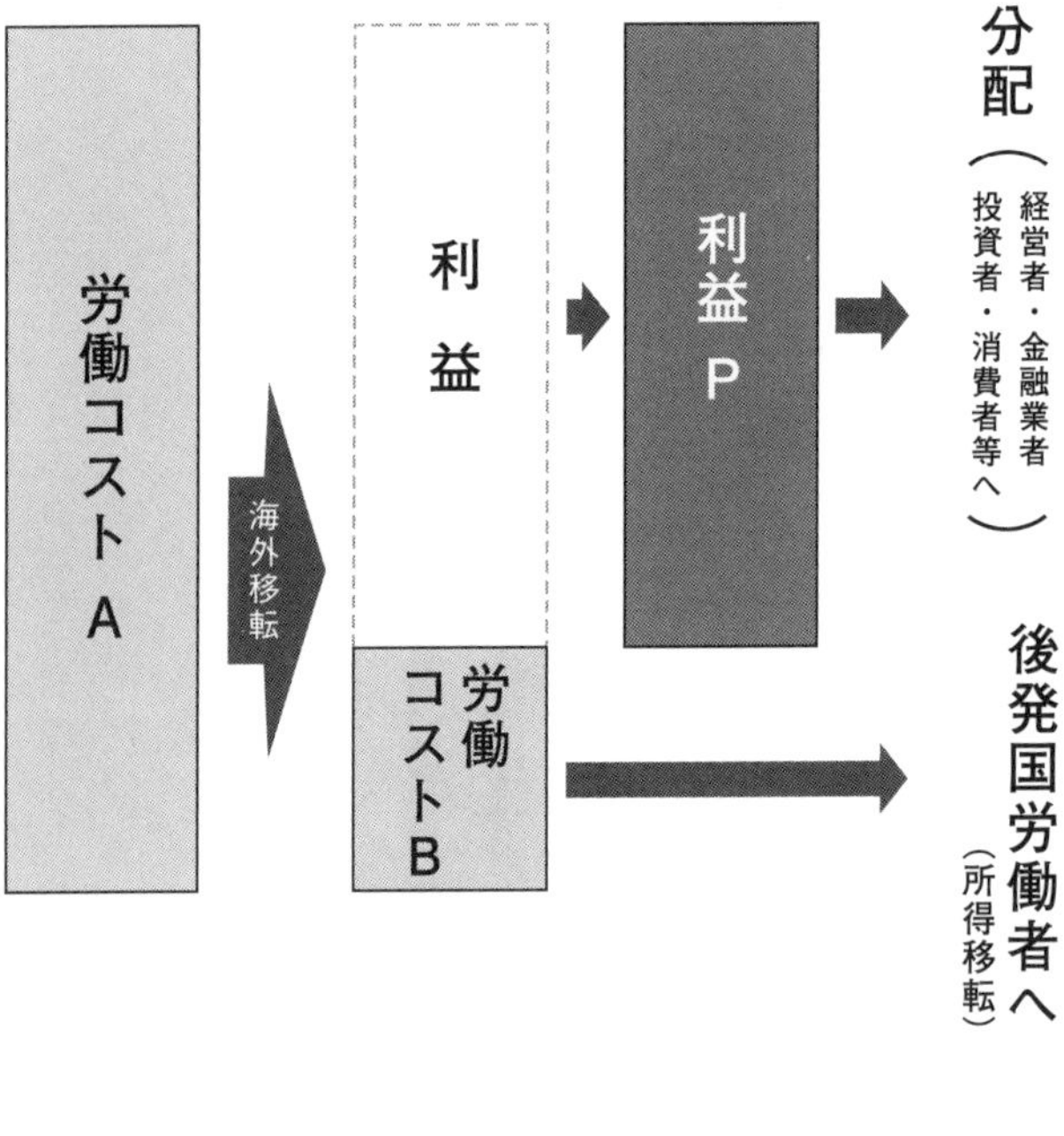

提供：青木泰樹

P＝先進国労働コスト（A）―後発国労働コスト（B）

で、計算される分の「利益余剰」が、経営者などに移転されるわけだ。

工場（資本）が外国から移転してきた後発国の側の労働者も、「それまで雇用が存在せず、所得を稼ぐ場がなかったにもかかわらず、工場が先進国から移転してきたことで雇用が創出され、労働者が所得を稼げるようになる」ということで儲かり、経済も成長する。

実際、92年以降のアメリカ主導型グローバリズムにおいて、最も好影響を受けたのは、後発国であったはずの中国だ。先進国からの資本移動を受け、後発国中国は驚くほどの急成長を遂げた。

後発国と経営者、金融業者などが儲かり、割を食うのが先進国の労働者という話である。

グローバル化が始まる前は、技術や人材等の問題で、後発国で先進国と同様の製品、サービスを生産することは困難だった。ところが、「グローバルスタンダード」のコンセプトが確立し、世界に広まってしまうと、特に工業製品は「世界のどこの国で作っても、同じ品質」という話になる。

こうなると、「資本移動の自由」が確立されたグローバリズムの世界である。企業が工場に代表される資本を外国に移し、「先進国の労働者」から「経営者・金融業者・投資者・消費者」及び「後発国の労働者」への所得移転を図ろうとした際に、それを押しとどめる術はない。

先進国の「生産者」あるいは「労働者」は、所得水準が低い後発国と「賃金の価格競争」を強いられ、実質賃金は下落していった。

２０１４年12月、国際労働機関（ＩＬＯ）が、先進国の実質賃金の低下について警告を発した。

「先進諸国の賃金横ばい、国際労働機関が警告」（14年12月5日付　ＡＦＰ通信）

先進諸国で賃金が上昇せず、さらに一部先進国では賃金が低下さえしており、金融危機以後の経済成長を抑制しデフレの危険性を高めていると、国際労働機関（International Labour Organization、ＩＬＯ）が5日、警告した。

またＩＬＯは、結果として生じている格差に対する税や福祉での対策が不十分だと述べ、各国政府に対し最低賃金の導入または引き上げと、団体交渉の強化などの措置を取るべきだと提言した。

ＩＬＯが2年に一度発行している「世界賃金報告（Global Wage Report）」によると、金融危機以前に約1・0％上昇していた先進国の実質賃金平均は、２０１２年にわずか0・1％の上昇で、13年も0・2％しか上昇しなかった。またギリシャ、アイルランド、イタリア、日本、スペイン、英国では、２０１３年の実質賃金は07年レベル以下まで低下した。

対照的にアジアでは賃金が上昇。その結果、世界の賃金平均は12年に2・2％上昇、13年に2・0％上昇した。金融危機以前の3・0％からは低下した。

ユーロ加盟国に対する国際的な救済措置では、賃金カットが主要な要素となった。また欧州中央銀行（ＥＣＢ）のマリオ・ドラギ（Mario Draghi）総裁は先週、ユーロの成長強化のために賃金カットを呼び掛けていた。しかしながら、ユーロ圏の物価上昇率が極めて低いことが、長期的な低成長をもたらす恐れがあると懸念する声も出ている。

すでに、日本の実質賃金はリーマンショック後の２００９年の水準すら下回っている。もっとも、ＡＦＰの記事からもわかる通り、実質賃金の低下は日本一国の悩みというわけではないのだ。

経済学者は「実質賃金が下がれば、企業が失業者を雇用する」と主張するだろうが、経営者の立場から言わせてもらえれば、実質賃金や「実質金利」がどうであろうとも、「仕事が十分になければ、人材は雇用せず、設備投資も拡大しない」のが真実である。

また、実質賃金が下がれば「国際競争力（グローバルな価格競争力）が高まる」と反論されるだろうが、何が悲しくて日本の労働者が、中国の労働者と真っ向から賃金切り下げ競争を繰り広げなければならないのだろうか。日本が「底辺への競争」に巻き込まれた場合、国民の賃金水準は下がらざるを得ない。

日本国民が中国人民と「賃金切り下げ競争」をすることが、果たして本当に正しいか。ここでいう「正しい」とは、日本国民にとって正しいのか、という意味である。

結局、問題は「国内の仕事」「国内の需要」が不十分であるという話なのだ。国内の需要が不十分ということはすなわち、「潜在ＧＤＰ—名目ＧＤＰ（総需要）」で計算されるデフレギャップが拡大している、という意味である。

十分な仕事、十分な需要が国内に存在すれば、実質金利の低下は設備投資を活性化させるだろう。さらに、経営者は「少し高い賃金」であっても、人を雇用するようになる。結果的に、実質賃金が上昇に転じる。

ＡＦＰの記事からもわかる通り、「底辺への競争」は先進国共通の問題だ。「政府が財政出動で、十分な仕事、需要を創る」という正しい解決策を講じなければ、先進国の賃金水準が後発国に近づき、世界は「フラット化」することになる。そういう世界を、日本国民は望むのだろうか。少なくとも、筆者は真っ平御免である。

底辺への競争が激しくなり、国民の実質賃金が低下していくということは、つまりは「国民の貧困化」に他ならない。国民が貧困化した国では、自国企業の供給能力が毀損していき、最終的には「発展途上国化」することになる。

現在のグローバリゼーションが行き着くところまで行くと、全ての国が自国の供給能力で自国の需要を賄えない「発展途上国」と化し、世界はフラットになる。

各国の政府が「黄金の拘束衣」を身に着け、発展途上国向けの政策パッケージを推し進めると、世界各国は繁栄を約束されるどころか、発展途上国化してしまうという、皮肉な話なのだ。

財政均衡と貯蓄の恐怖

黄金の拘束衣を身に着けた政治家は、やたらと「プライマリーバランスの黒字化」という言葉を使う。要するに、政府の財政赤字を悪とみなすのだ。

財政赤字や政府の国債発行を「悪いもの」と決めつけ、さらに様々な規制緩和、構造改革を実施する「理由づけ」に活用しようとする。

典型的には、

「政府の財政が悪化しています。国の借金で破綻します。政府の税収を増やすためには、経済を成長させなければなりません。政府の支出を切り詰める中、経済成長を目指すなら、様々な政府の規制を緩和し、貿易は自由化。構造改革により企業の投資を活性化し、経済成長による税収増で政府の財政を黒字化するのです」

などと、使い古されたレトリックが用いられるわけだ。

とはいえ、先の例の通り、供給能力不足に苦しむ発展途上国において、

「政府が外貨建てで外国からお金を借りている」ケースはともかく、供給能力が十分な先進国の政府が「自国通貨建て」の負債を増やすことは、別に悪でも何でもない。というよりも、デフレという需要不足に苦しむ国家にとって、政府の財政出動拡大は、悪どころか「福音」である。

そもそも、多くの国民が勘違いしているが、全ての経済主体が「同時に貯蓄を増やす」ことは不可能なのだ。厳密には不可能ではないが、あらゆる経済主体が「貯蓄」しようとすると、国民の所得の合計であるＧＤＰが激減することになる。

理由は、しつこく繰り返すが、

「所得とは、誰かが消費、投資のためにお金を支出しない限り、創出されない」

ためだ。

お金の貸し借りを主業務とする金融機関は別だが、それ以外の経済主体、すなわち「家計」「企業（一般企業）」「政府」そして「外国」の四者が、同時に貯蓄をすることはできない。よりわかりやすく書くと、四つの経済主体が「同時に資産を増やす」ことは不可能なのである。

通常の資本主義経済においては、家計が資産増になり、企業が負債を増やし、設備投資で経済を成長させる。政府は資産も負債も増やさないこと（いわゆる均衡財政）が理想とされている。

別の言い方をするならば、資本主義経済は「誰かが負債を増やす」ことなしでは成長できないのだ。日本の場合、デフレ下で家計はおろか、企業までもが負債ではなく資産を増やしている状況で、経常収支（外国の資産、負債）は均衡に近づき、政府の負債増のみが経済を下支えしている有様だ。デフレ下にもかかわらず、政府までもが貯蓄に走り、支出を絞り込んだ日には、その分だけ「ＧＤＰになるはずの支出が行われない」という話になり、国民の所得の総計でもあるＧＤＰが激減する。

それにもかかわらず、世界の経済学者や政治家、官僚たちは「財政均衡主義」を主張し、政府の歳出は歳入の範囲に収めるべきと主張する。結果的に、日本のみならず、多くの国々の経済がデフレ化しているというのが、現代という時代だ。

今や「世界経済のボトルネック（制約条件）」と化してしまっている「財政均衡主義」は、「政府は入り（歳入）と出（歳出）を合わせるべき」

という考え方になる。

歳入と歳出をイコールにする場合、政府は当たり前だが「負債」を増やす必要はない。

財政均衡主義とは、とにかく「政府は負債を増やすべからず」というコンセプトなのだ。

政府に負債を増やすなとは、要するに、

「国債を発行してはならない」

という話だが、その場合、一つ、疑問がわいてくる。何しろ、銀行が存在する現代資本主義社会では、誰かが「貯蓄（預金等）」を借り入れ、消費や投資として使ってくれなければ、経済は成長しない。

無論、財政均衡主義を信条とする「経済学」は、民間企業が貯蓄を借り入れ、消費や投資という「GDP（所得）の世界」に戻すことを想定している。すなわち、財政均衡主義の下では、資金循環は以下の通り動く「べき」なのである。

- 政府：収支均衡（貯蓄も負債も増やさない）
- 家計：資金余剰（貯蓄を増やす）
- 民間企業：資金不足（負債を増やす）

（※日銀の資金循環統計では、民間企業は「非金融法人企業」と表現される）

しかし、実際の日本の資金循環は、次ページに掲げた【図12】の通りである。家計と民間企業が資金余剰となり、政府が資金不足の状況が続いている。すなわち、政府の負債が増え続けている。

【図12】は、ゼロより上が「資金余剰」つまりは貯蓄増（資産増加もしくは負債減少）を、ゼロより下が「資金不足」つまりは貯蓄減（資産減少もしくは負債増加）を意味している。

ちなみに、海外の「資金不足」とは、日本の経常収支の黒字とイコールだ。逆に、経常収支赤字国は、海外が「資金余剰」になるわけである。

現実の世界では、「誰かの資産（貯蓄）が増えたとき、必ず反対側で誰かの負債が増える」のだ。日本の家計や企業が資産を増やし続けているのは、政府（及び海外）が負債を積み重ねてくれるおかげである。政府が負債を増やさない場合、その金額分、GDPとしての支出が減る。

GDPになるはずの政府支出が減れば、当たり前だが家計や企業の「所得」も減り、誰もが貯蓄を増やすことは不可能になる。【図12】を90度回転させると、ほぼ左右対称になることに気が付くはずだ。「誰かが負債を増やさない限り、誰かの資産は増えない」以上、

図12　日本の各経済主体の資金過不足(単位：兆円)

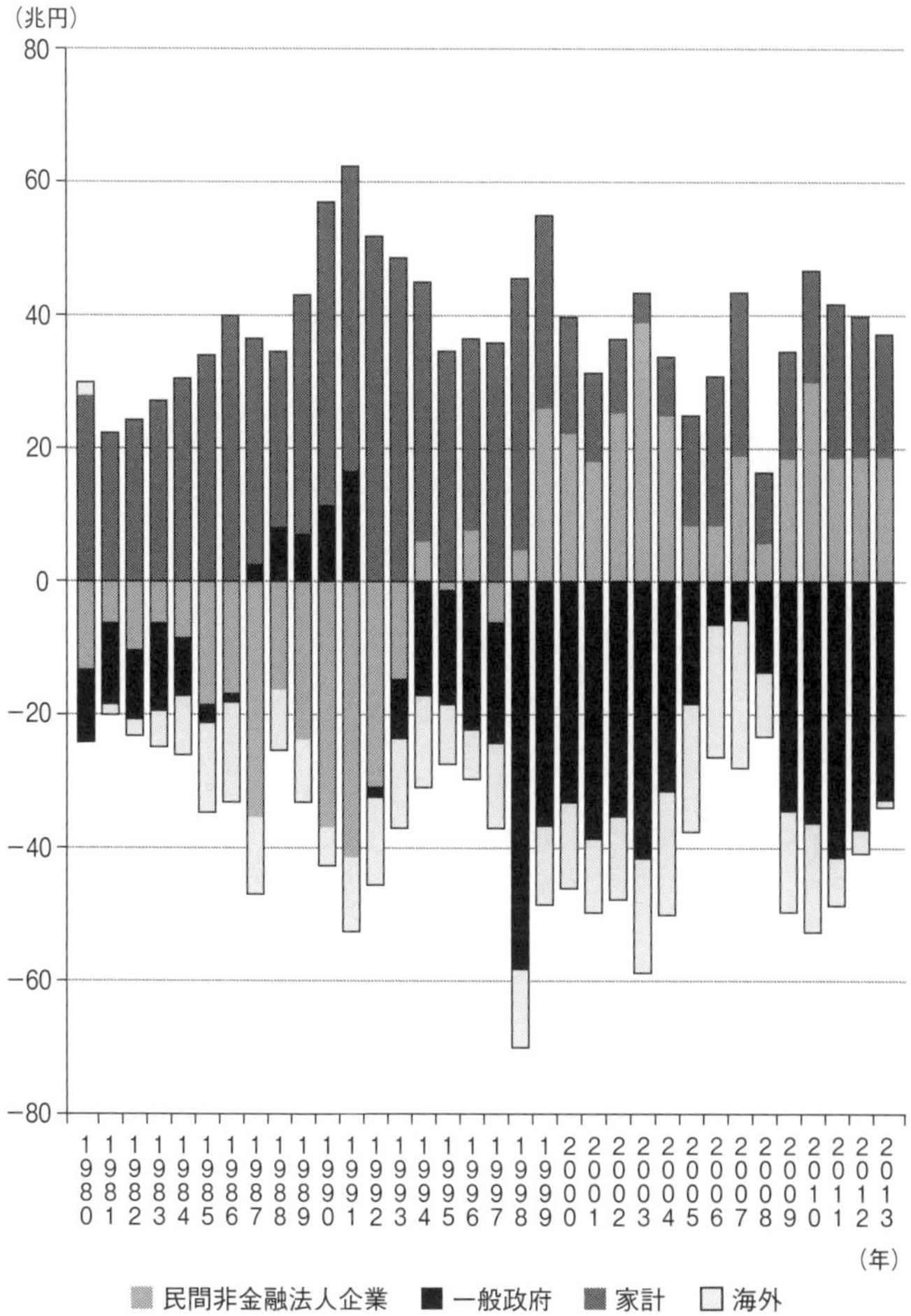

出典：日本銀行

当然の話である。

昨今の日本の資金循環の状況は、財政均衡主義というイデオロギーから見ると、確かに「許されざる環境」という話なのだろう。何しろ、政府がひたすら財政赤字を続け、負債を積み上げていっている(=資金不足)のが一目でわかる。

ここで疑問が一つ、わいてくるのだが、そもそも財政均衡主義を信条とする経済学では、なぜ「民間企業が負債を増やす」と決めつけて考えることができるのだろうか。

もちろん、経済学の世界では「セイの法則」が成立しているためである。つまり、モノやサービスは生産すれば、必ず消費、投資として購入される。供給が需要を創り出すという前提が成立しているならば、企業は投資をすると「必ず儲かる」という話になる。

儲かるのであれば、企業は家計が貯めこんだ預金を(銀行から)借り入れ、設備投資に回し、経済を成長させてくれるだろう。わざわざ現在の日本のように、政府が資金不足(負債増加)状態となり、経済を下支えする必要はない。

とはいえ、現実に日本では企業の資金余剰状態が続いている。すなわち、企業が負債を増やしていない。

1995年に1000兆円を上回っていた非金融法人企業の負債は、現在は800兆円を割り込んでいる。98年のデフレ化以降、企業は負債を増やすどころか、返済している状況が続いたのである。

ではなぜ、デフレ下の日本では、企業が負債を増やさないのだろうか。もちろん、デフレ不況で国内の需要が不足し、設備投資を拡大する必要がないためである。

企業はあくまで「儲ける」ために、銀行から資金を借り入れ、設備拡大に投じるのだ。儲からない環境下では、企業経営者は設備投資の決断はできない。

そして、デフレとは国内の総需要（＝支出面のＧＤＰ）が縮小していく現象なのである。全体の需要が小さくなっている最中に、企業が「儲ける」ことは至難の業だ。

企業経営者は、デフレ下において単純に「儲からないから、投資しない」だけなのだが、経済学は別の説明を持ってくる。いわゆる、クラウディングアウト理論である。

クラウディングアウトとは、

「政府が国債を発行し、市中のお金を吸い上げ、金利が上昇するため、企業は投資しない」

という仮説である。

ところが、現実の日本では、バブル崩壊後に政府が負債を増やせば増やすほど、金利は低下していった。長期金利はバブル期の６％から、現在はわずか０・３％にまで下落してしまった。要するに、ユーロ諸国同様に、民間企業の資金需要が十分ではないため、政府が国債で資金調達しようとした際の金利が下がっているのだ。民間企業の資金需要が伸びないのは、単純に国内の仕事（需要）の量が足りないためだ。

それにもかかわらず、経済学や財政均衡主義は、

「政府が国債を発行するから、金利上昇で民間の負債が増えない。政府は緊縮財政を実施するべき」

というドグマを延々と主張し続ける。

先述の通り、現在はバブル崩壊後に緊縮財政を実施したユーロ諸国が、次々にデフレーションに陥っていっている。すでにドイツの長期金利は0・7％にまで下がり、フランスまでもが1％を割り込んでしまった。

ドイツやフランスをはじめとするユーロ諸国においても、家計と民間の資金循環が共に「資金余剰」になるという環境が成立しているのだ。この状況で、ユーロ諸国が緊縮財政を継続すると、資金不足（負債拡大）を引き受けてくれる経済主体が誰もいないという話になり、国民経済（GDP）は大幅なマイナス成長に陥らざるを得ないだろう。

結局のところ、財政均衡主義は、

「民間企業は常に資金不足状態で、負債を増やし続ける」という前提の上で成り立っているのだ。

とはいえ、現実には各国で民間企業の資金余剰状態が続いている。この場合、家計が積み上げる貯蓄の「処理」をどうするのか。誰が、消費や投資に貯蓄を回してくれるのか。

上記の問いに答えられない限り、日本の財務省が主導する「財政均衡主義」は、結局のところ机上の空論以外の何物でもないという話になるのだ。

現在の日本では、民間企業が積極的に負債と投資を増やし、「資金不足」の状況になってくれなければ、絶対に「財政均衡」は達成できない。これは、極めて重要でありながら、政治家が全く理解していない原則だ。

日本は資本主義国である。資本主義の特性上、しつこく繰り返すが、「全ての経済主体が同時に貯蓄（預金、借金返済など）を増やすことは不可能」なのである。少なくとも、資本主義経済において、GDPを成長させたいならば、誰かが負債を増やさなければいけない。

筆者が資金循環統計上の経済主体を考える場合、【図12】で見た通り、主に「企業」「政府」「家計」「海外」の四つの主体に注目する。これ以外にも金融機関、NPOなどがあり、細分化を行うとさらに増えていくが、分析の上で必要なのは企業、政府、家計、海外のみで足りる。金融機関は「借りて、貸す」存在であるため、資金過不足はほとんど変わらない。NPOなどは、そもそも全体の金額規模が小さい。

【図12】を改めて見て欲しい。

87年から90年までの4年間、一般政府が「資金余剰」になっているのがグラフから確認できる。バブル経済下で、民間企業が資金不足（負債増加）を大幅に増やし、経済が活性化し、税収が増え、景気対策も不要になったため、日本政府は「財政均衡」あるいは「財政黒字」を達成していたわけである。

93年まで資金不足状態を続けていた日本の企業（民間非金融法人企業）は、バブル崩壊を受け、資金余剰状態となった。すなわち、借入金の返済を始めたのだ。

とはいえ、96年までの企業の資金余剰は「誤差」程度の規模でしかなく、97年には資金不足に戻っている。

そして、翌98年から、日本の企業は恒常的に資金余剰状態となっていった。企業が借入金の返済や銀行預金を増やしていったのである。理由はもちろん、97年の橋本緊縮財政により、日本経済がデフレに陥ったためだ。

我が国の家計は80年から13年まで、一貫して資金余剰状態にある。98年以降、企業が資金不足状態に陥ったということは、「家計と企業の資金余剰」の分、誰かが資金不足にならなければならないという話だ。

日本は経常収支黒字国であるため、家計・企業の資金余剰分の一部を、海外が資金不足として引き受けてくれていた。とはいえ、例えば99年の家計、企業の資金余剰の合計は、50兆円を超えている。50兆円分もの経常収支「赤字」を、さらに追加的に世界に引き受けてもらうなど、無理がありすぎる。

しかも、現在の日本は原子力発電所を停止しているため、原油やLNGの輸入が増え、貿易収支が赤字化している。経常収支とは、貿易収支、サービス収支、所得収支、経常移転収支の四つから成り立つ。世界最大の対外純資産国であり、所得収支の流入（黒字）が巨額化しているとはいえ、現在の日本が経常収支を拡大することは、甚だしく困難を伴う。実際に、２０１３年は黒字幅が縮小し、「海外」の資金不足（＝日本の経常収支の黒字）は、わずか２６１７億円となっている。

それ以前に、経常収支の黒字に、国内の資金不足を担ってもらうという考え方自体が、「大国」日本にとっては無茶なのだ。というわけで、日本は企業が資金余剰に転換する中、政府が資金不足を拡大し、GDPを下支えすることを続けたのである。「そうするしかなかった」と、言い換えても構わない。

06年と07年、日本の一般政府の資金不足は、ほぼゼロに近づいた。すなわち、財政均衡達成目前になったのである。とはいえ、当時も（今も）企業は資金余剰状態を続けていた。家計はもちろん、大幅な資金余剰である。

というわけで、06年、07年の「財政均衡達成（＝プライマリーバランス黒字化）」目前という状況は、海外の経常収支の赤字（日本の経常収支の黒字）、つまりは「海外の資金不足」が拡大したことで引き起こされたのである。

当時はアメリカが不動産バブルで、20兆円近い我が国の経常収支の黒字（つまりアメリカにとっての赤字）を受け入れることが可能だったという、それだけの話なのだ。

現在のドイツが、まさに06年、07年の日本と酷似した状況になっている。すなわち、家計、企業という経済主体が共に資金余剰状態にある中、政府が財政均衡に近づいているのだ。無論、その分、外国が経常収支赤字として、資金不足状態になっている。

いずれにせよ、外国の経常収支赤字頼みで、家計と企業が資金余剰になっている状況にありながら、政府までも収支均衡に持っていくなど、もとから無理がある発想なのだ。

とはいえ、資金循環統計について理解していない政治家や官僚、学者、評論家などは、すぐに、

「ドイツは財政均衡を達成した。日本も」

などと単純なことを言い出す。

2013年の日本の家計、企業の資金余剰は、約40兆円である。アメリカの不動産バブルのような巨大な需要（外需）が、もはや世界のどこにも存在しない中、40兆円分の日本の経常収支黒字分を引き受けてくれる国など、あるはずがない。

外国に頼れないならば、自助努力で財政均衡を達成するのだろうか。2013年を例にとれば、家計と企業の資金余剰が40兆円に達しようとしている状況で、強引に政府を財政均衡に持っていくと、我が国のGDPは40兆円分消滅する。すなわち、GDP成長率がマイナス8％になってしまうのだ。

GDPのマイナス成長とは､国民の所得減少そのものだ。現在の日本で「財政均衡主義」を貫こうとしている政治家や官僚たちは、日本国民に、

「所得を8％減らせ」

と言っているのも同然なのである。

5　今すぐできる「国民を豊かにする」政策転換

誰も気付かない安倍政権の功績

話を整理する。日本の家計と企業が資金余剰となり（実際にそれが続いているが）、その上で政府が財政均衡を達成し、さらに経常収支が赤字（外国の資金余剰）になった場合、日本経済はいかなる事態を迎えるか。国内で主体的にお金を「誰かの貯蓄」から借り入れ、消費、投資に回す人が消滅したことになるため、GDPは数十％もの減少を免れないだろう。

とはいえ、実はこの世の中には「隠し手」というものが存在する。GDPを成長させつつ、四つの経済主体全てが資金余剰になることは可能なのだ。隠し手といっても、別に不正に手を染める、あるいは統計マジックや「経済マジック」を使うという話ではない。国家において、唯一、政府だけが「純資産を無から創る」ことができるためである。

すなわち、政府紙幣に代表される「通貨の発行」だ。

ちなみに、中央銀行が国債を買い取り、通貨を発行すると、資産（国債）と負債（現金紙幣、中央銀行預け金）が同じ金額増える。無論、バランスシートの借方（資産サイド）と貸方（負債サイド）が同額積み上がるため、別に純負債が増えるわけではない。とはいえ、逆に言えば、純資産「も」増えない。

それに対し、政府が紙幣や硬貨といった通貨を発行した場合、バランスシートの借方に「お金」という資産が生まれるにもかかわらず、貸方で負債が増えない。借方の資産に対応する貸方は、純資産になるのだ。

中央銀行が通貨を発行すると、バランスシートの貸方で「負債」が増える。政府が通貨を発行すると、バランスシートの貸方で「純資産」が増える。

資金循環統計における資金余剰とは、

「バランスシート上で資産が負債よりも多く増える」

という意味だ。逆に、資金不足は、

「バランスシート上で負債が資産よりも多く増える」

になる。

例えば、政府が国債を発行したとき、バランスシートの借方で預金（資産）が、貸方で国債（負債）が同額増える。とはいえ、政府は別に貯蓄するためにお金を借りたわけではないため、借方の預金は政府支出として使われ、最終的には「負債の増加＞資産の増加」という関係になる。すなわち、資金不足になるのだ。

図13　14年6月末時点(速報値)日本国家のバランスシート
(単位:兆円)

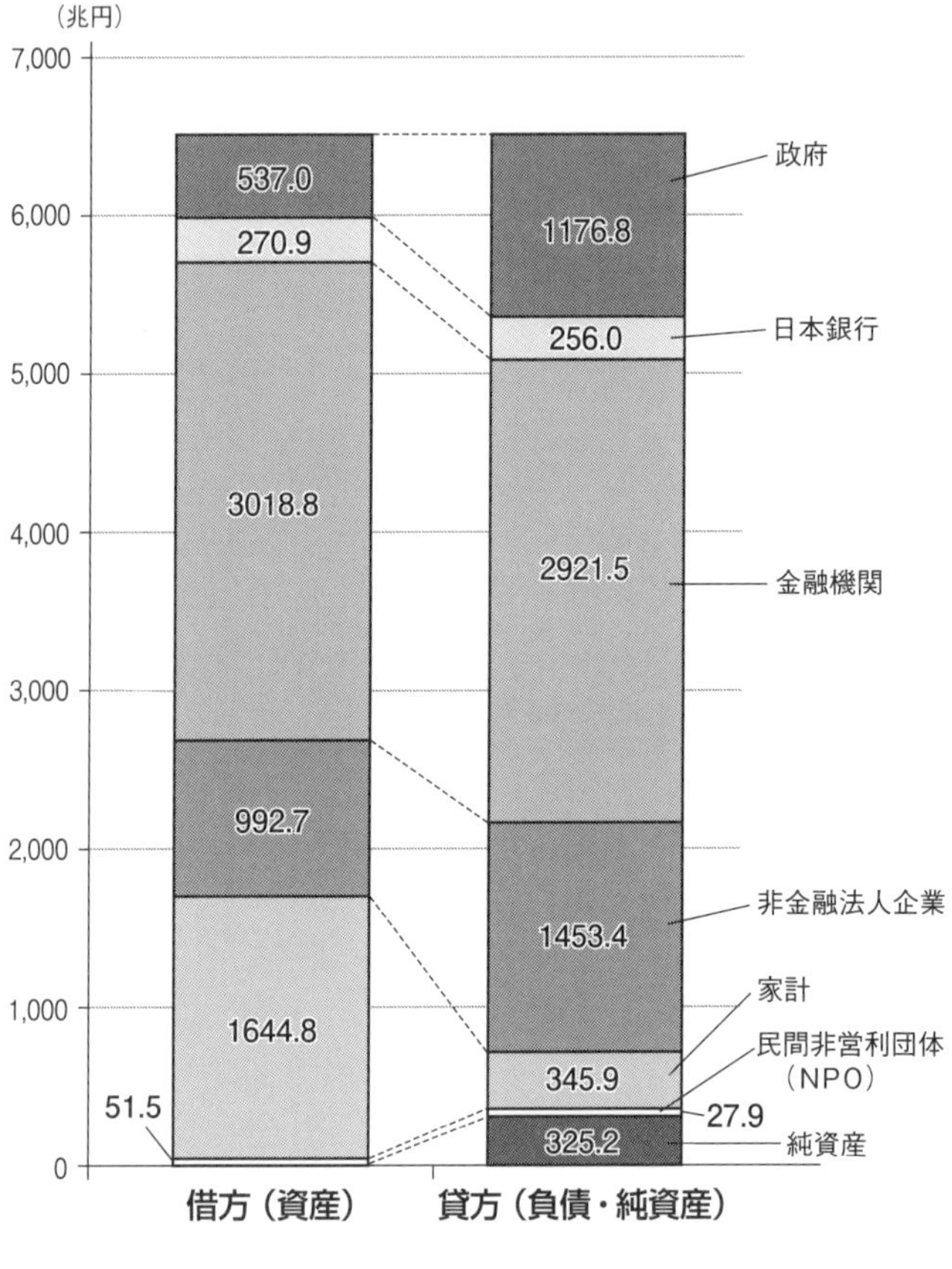

出典:日本銀行「資金循環統計」

※日本銀行は統計上「金融機関」に含まれるが、今回は外に出した(一般の金融機関と日本銀行を分離した)。

ところが、政府が通貨発行で資金を調達し、国民のために支出をすると、貸方の負債金額に変化は生じない。変動するのは、あくまで純資産なのだ。

政府が発行した通貨は、当然の話としてマネタリーベースに計上される。実際、日本政府が発行した「硬貨」は、我が国のマネタリーベースにきちんと計上されている。

というわけで、家計や企業が貯蓄を増やし、さらに貿易赤字拡大などで経常収支が赤字化したとしても、

「家計と企業の貯蓄＋経常収支赤字」

を上回る金額の「政府の通貨発行（及び支出）」が実施されれば、GDPは減少しない上、政府も資金不足にはならないのである。

その代表的な手法が「政府紙幣の発行」だ。もっとも、筆者は個人としては政府の通貨発行に反対している。理由は、そもそも「中央銀行の国債買い取り」と「政府紙幣発行」の経済効果は同じであり、さらに政府紙幣の場合は「回収」が困難になるためである。

日本銀行が国債を買い取り、通貨を発行した場合、日銀の手元に「国債という資産」が残り続ける（当たり前だが）。将来的にインフレ率が健全な範囲を超えて上昇した場合、日銀は手持ちの国債を市中に売却し、自らが発行した日本円を「回収」することが可能なの

だ。回収した日本円は、日銀のバランスシートの貸方に計上されていた「日本円」と相殺され、この世から消滅する。

それに対し、政府紙幣の場合は対応する資産なしで発行されるため、将来的に回収が困難になる可能性がある。政府が市中の政府紙幣を回収しようとした際に、代わりに「売る」資産が存在しないのだ。

結果的に、政府は「通貨回収税」といった形で、過大になったマネタリーベース（政府紙幣）を回収しなければならなくなる。今も昔も、増税が政治的なコストを必要とすることに変わりはない。14年11月の、消費税再増税延期の騒動を見れば、おわかり頂けるだろう。

「インフレ率が健全な水準を超えて上昇した。ならば、通貨回収税でマネタリーベースを回収する」

などという面倒な政策が、簡単に進むはずがないのである。

政府紙幣の回収が「税金」といった手段に頼らざるを得ないのに対し、日銀が発行した日本円の回収は「市中での国債売却」で可能だ。

しかも、国債を日本銀行が買い取ると、政府は実質的には「資金余剰」になる。何しろ、日本銀行は日本政府の子会社である。

資金循環統計上、日本銀行は「金融機関」に含まれている。日本銀行を「政府」の統計に移し、「日本銀行の国債という資産」と「日本政府の国債という負債」をバランスシート上で相殺してしまえば、政府は実質的に資金余剰になるわけだ。

もちろん、その場合は新たに「日本銀行が発行した日本円」という「負債」がバランスシートの貸方に登場することになるのだが、

「日本政府のバランスシートに統合された日本銀行の日本円という負債は、純資産として処理する」

と決めてしまえばいい。実際、日本政府自身が日本円を発行した場合、バランスシートの貸方に登場するのは純資産なのである。統計上、日本政府と日本銀行を統合するわけだから、

「貸方の日本円は純資産として扱う」

と、定義するだけで話が済むのである。

日本銀行の日本円という負債（ややこしいが）は、確かに統計上は貸方に「負債」として計上される。とはいえ、「返す相手」も「利払いをする相手」も存在しない。

日本国民は日常的に、日本銀行が発行した「借用証書」である日本銀行券、すなわち現

金を保有、使用している。読者が保有する現金に対し、誰か「利払い」をしてくれる人がいるだろうか。もちろん、誰もいない。現金に利子はつかない。

あるいは、日本銀行が発行した借用証書「日本銀行券（現金）」を持っていたとして、読者は誰かに返済を求めることが可能だろうか。試みに、日本銀行に1万円札を持っていき、「日本銀行が過去に発行した借用証書である1万円札を持ってきました。お金の返済を求めます」

と、やった場合、日銀の担当者は、

「はい」

と、別の1万円札で「返済」してくれるだろう（とはいえ実際にやると迷惑なので、止めて頂きたい）。1万円の日本銀行券という日銀の借用証書に対し、1万円札で「返済」が行われた。何の問題もない。

140ページ【図13】の「日本銀行の負債　256兆円」のほとんどは、過去に日本銀行が発行した「日本円」である。すなわち、マネタリーベースとして計上されている現金と日銀当座預金残高（日銀預け金）だ。

具体的な数値を書いておくと、現金が91・1兆円、日銀当座預金残高が152・3兆円になる。日銀の現金と当座預金残高については、負債ではなく「純資産」として計上しても、一向に差支えがないのだ。何しろ、返済の相手も、利払いの相手も存在していない。

上記を理解した上で、

「現在の日本政府は真の意味で資金不足なのか？」

を考えたとき、極めて面白い結論を導き出すことができる。あるいは、

「第二次安倍政権下の黒田日銀の量的緩和(国債買取と通貨発行)はいかなる意味を持つのか」

でもいい。

実は、本書では散々に第二次安倍政権の経済政策、さらに第三次安倍政権が「推進しそうな経済政策」について批判をしているが、安倍政権は一つだけ、誰にも否定できない「素晴らしい業績」を残しているのである。

すなわち、政府の実質的な借金を削減していっているのだ。

【図13】「日本国家のバランスシート」を改めて見て欲しい。日本銀行が保有する資産の内、8割近くの183・4兆円が「国債・財融債・国庫短期証券」である。

日本銀行の通貨発行は、政府が過去に借金した際に発行した国債、財融債、国庫短期証券を買い取り、代金を現金、日銀当座預金残高という「新たな日本円」で支払うというプ

ロセスになる。バランスシートでいえば、日本銀行の借方に銀行から買い取った国債・財融債、国庫短期証券が計上され、同時に貸方では「突然」現金や日銀当座預金残高という日本円が出現するのである。

２０１３年4月以降、日本銀行が量的緩和政策の下、年に70兆円規模の国債買い取り、通貨発行を実施した。結果的に、日本政府が過去に発行した国債、財融債、国庫短期証券が、【図13】でいえば「金融機関」から「日本銀行」に移動した。

日本銀行は、日本政府の子会社である。日銀が国債を買い取ることで、日本政府は、「これまでは外部の金融機関からお金を借りていた」

のが、日銀の国債買い取りにより、

「子会社の日本銀行からお金を借りている」

状況となったわけである。子会社と親会社のお金の貸し借りは、連結決算のルールにより相殺されてしまう。「自分が自分にお金を貸した」ということになり、実質的には負債も資産も存在しないことになるわけだ。

日本銀行の資産２７０・９兆円の内、少なくとも１８３・４兆円については「親会社の日本政府への貸付」である。逆に、「政府」の負債１１７６・８兆円の内、同じく

183・4兆円は「子会社の日本銀行からの借入」に該当する。

というわけで、日本政府が保有する「負債の国債」183・4兆円と、日本銀行の「資産の国債」183・4兆円を「ジュッ」と消してしまうのである。すると、日本政府の負債は1176・8兆円から、993・4兆円に減る。

さらに、日本銀行の負債である「現金」と「日銀当座預金残高」の合計243・4兆円（＝現金91・1兆円＋日銀当座預金残高152・3兆円）を純資産に移す。日銀が発行したマネタリーベースについて、純資産扱いへと定義変更するのだ。

すると、あら不思議。

政府も日本銀行も、同時に「資金余剰」状態へと移行する。日本銀行が国債を買い取ることで、実質的に「家計」「企業」「政府」の三者が、同時に資金余剰となりつつ、政府が財政出動で国民の所得を創出することが可能になるわけだ。

無論、日本銀行が保有する国債を本当に「消滅」させてしまうと、マネタリーベースの回収が面倒なことになる。あくまで「見かけ上」、国債を相殺し、現金や日銀当座預金残高を純資産化するだけだが、いずれにせよ政府とは「通貨を発行」することで、国内の全ての経済主体を同時に「実質的な資金余剰状態」にすることが可能なのである。

現実問題として、日本銀行の国債買い取りが継続しているため、政府の実質的な負債は減少局面に入っている。すなわち、現在の日本政府は貯蓄を増やしているのだ（経済学上の「貯蓄」には、借金の返済も含まれる）。

次ページ【図14】の通り、安倍政権の量的緩和政策により、日本銀行「以外」が保有する国債、財融債、国庫短期証券の合計金額は減少傾向にある。いわゆる「国の借金」は、実質的には減りつつあるというのが現実の日本なのだ。

無論、日本政府が借金を返済しているという話ではない。過去に日本政府が発行した借用証書である国債を、子会社の日本銀行が買い取っているため、実質的な負債が縮小しているという話だ。とはいえ、借金が減っていることに変わりはない。子会社の日本銀行が保有する国債について、政府は返済や利払いの必要はない。

もちろん、返済や利払いをしても構わない。実際、日本政府は日銀が保有する国債について利払いを続けているが、何しろ「子会社からの借金」である。日本銀行の決算が終わると、連結決算のルールに従い「国庫納付金」として、政府が払った利子が返還されている。

「そんなことができるならば、日本政府は『国の借金』を全て日本銀行に買い取らせてしまえばいいではないか」

図14　日銀保有の国債等と、日銀以外が保有する国債等の推移

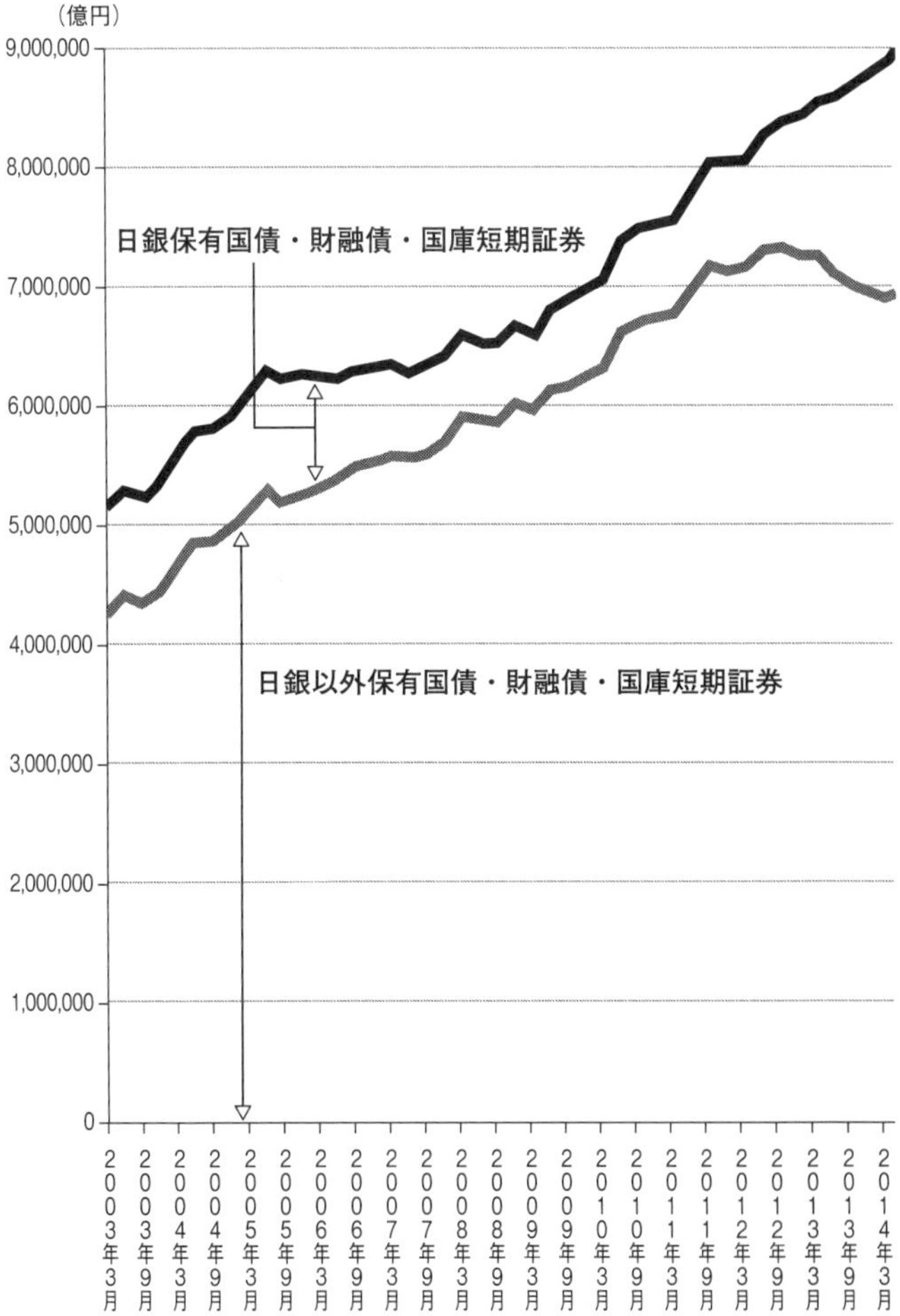

出典：日本銀行

と、思われた方がいるかも知れないが、乱暴なことを考えてはいけない。実際に日本銀行が1000兆円を超える日本政府の負債（金融機関側から見れば資産）を全て買い取った日には、日本のGDPの2倍を超える日本円が新たに発行されることになるのだ。

さすがに、日本のインフレ率が健全な水準を超えて上昇することになるだろう。筆者の上記の提案は、あくまで日本がデフレーションに苦しめられているからこそ、「現在の日本」にとって適切であるに過ぎない。我が国が健全なインフレ、つまりは「需要牽引型の物価上昇」の下での経済成長路線を歩み始めた場合、当然の話として「別のソリューション（解決策）」が日本経済にとって適切になる。

この世に生まれた、ありとあらゆるソリューションに普遍性はない。「常に正しい」政策や解決策など、絶対に存在しないのだ。

現在の日本政府は、デフレ環境下であるからこそ、日銀の量的緩和を拡大することが許される。すなわち、日本政府は「負債（いわゆる〝国の借金〟）」を「デフレーションに押し付ける」形で解消していっているわけだ。現在の日本にとって、デフレーションは「最大最強の財源」なのである。何しろ、政府を含めた全ての経済主体が、資金不足に陥ることがない形の「通貨発行」を可能にするからだ。

とはいえ、デフレーションが財源になるのは、あくまでデフレ期のみである。健全なインフレを伴う形で日本経済が成長を始めれば、政府は量的緩和を終了しなければならない。とはいえ、そのときは「企業」が銀行融資と設備投資を拡大してくれる。資金不足は、本来は「企業」が負うべきものなのだ。

企業の資金不足を「財源」に、経済成長率が上昇し、政府の税収が増えれば、いわゆる「財政均衡」は達成されることになる。財政均衡とは、政府の「目標」でも何でもない。政府の目標は、

「国民が豊かに、安全に暮らすことを可能とする政治」

を執り行うこと。すなわち「経世済民」だ。

現在の日本にとっては、デフレーションを財源とすることは、経世済民の目標達成の手段である。とはいえ、将来的にもそうであり続けるとは限らない。

いずれにせよ、安倍政権は日本銀行の量的緩和を実施したことで、

「日本政府の実質的な負債を最も減らした政権」

という、栄光の座を手に入れたのである。それにもかかわらず、上記の「事実」は国会でも、マスコミでも一切語られない。不思議な話だ。

現在の安倍政権にとって、「財源」は政策のボトルネックにはならない。何しろ、デフレーションという強い味方がいるのである。

デフレが継続する限り、政府は財源を「日本銀行の通貨発行」に求めて構わないのである。後は、日本銀行が発行したマネタリーベースを放置するのではなく、政府が「国民の雇用、所得」を生み出すように支出し、デフレ脱却を目指せばいいのだ。すなわち、財政出動の拡大だ。

とはいえ、筆者から見る限り、安倍総理大臣は黄金の拘束衣をガチッと着込んでしまっている。現実には政府の財政支出が拡大されるどころか、我が国は緊縮財政路線を着々と歩んでいる有様だ。つくづく、勿体ない話である。

マクロレベルの生産性の向上

さて、ここで改めて「国民が豊かになる」の意味を考えてみたい。「生産者」というミクロレベルで見れば、「豊かになる」の定義は「所得が増える」で間違いない。

我々、日本国民が生産者として働き、モノやサービスという「付加価値」を生産し、誰かが「消費・投資」として支出し、買ってくれたとき初めて「所得」が生まれる。そして、「付加価値」の生産の合計、「消費・投資」としての支出の合計、分配される「所得」の合計は、全て同一金額で、GDPとして統計される。

というわけで、マクロレベルで見ても、「所得」の合計であるGDPが拡大することこそが、「国民が豊かになっている」証なのである。無論、GDPが成長しても、事業に失敗する、あるいは会社が倒産するなどして、「豊かになれない」国民は出てくる。とはいえ、あくまで「国民経済」の視点から見る場合、GDPが拡大すれば、国民が豊かになっていると断言して構わない。

もっとも、GDPの伸びが人口の増加（厳密には生産者の増加）に追いつかないような場合は、

「国家全体では成長しているが、マクロレベルで見ると国民が豊かになっていない」

状況と言える。GDPがプラス10%の勢いで成長しても、生産者が15%のペースで増え続けると、「生産者一人当たりの所得」は小さくなってしまうわけだ。というわけで、厳密には、

「生産者一人当たりのGDPが拡大している」

ことこそが、マクロ的な「国民が豊かになる」の定義となる。

それでは、生産者一人当たりのGDPを増やす方法を、具体的に考えてみよう。GDPとは所得であり、支出であり、同時に「付加価値の生産」でもある。すなわち、生産者一人当たりの付加価値の生産を増やせば、自動的に「所得」も増えるのだ。

生産者一人当たりの付加価値を増やすことを、何と呼ぶかご存知だろうか。もちろん「生産性の向上」だ。

経済学者は、

「国民が豊かになるには、生産性を高める必要がある」

と主張するが、マクロ的に考えても完全に正しい。国民が豊かになるためには、生産性を高め、生産者一人当たりのGDPを増やす必要がある。

問題は、需要＝仕事が不足している状況で、生産性を向上させても、「国民全体」としては豊かになれないという点だ。需要＝仕事が不足している状況とは、もちろん「総需要」が縮小するデフレ期である。

念のため書いておくが、企業にとって生産性の向上は「常に」正しい。経済環境がいかなる状況であろうとも、企業は労働者一人当たりの付加価値の拡大、すなわち生産性向上

図15　国民が豊かになる「生産者一人当たりのGDP増」

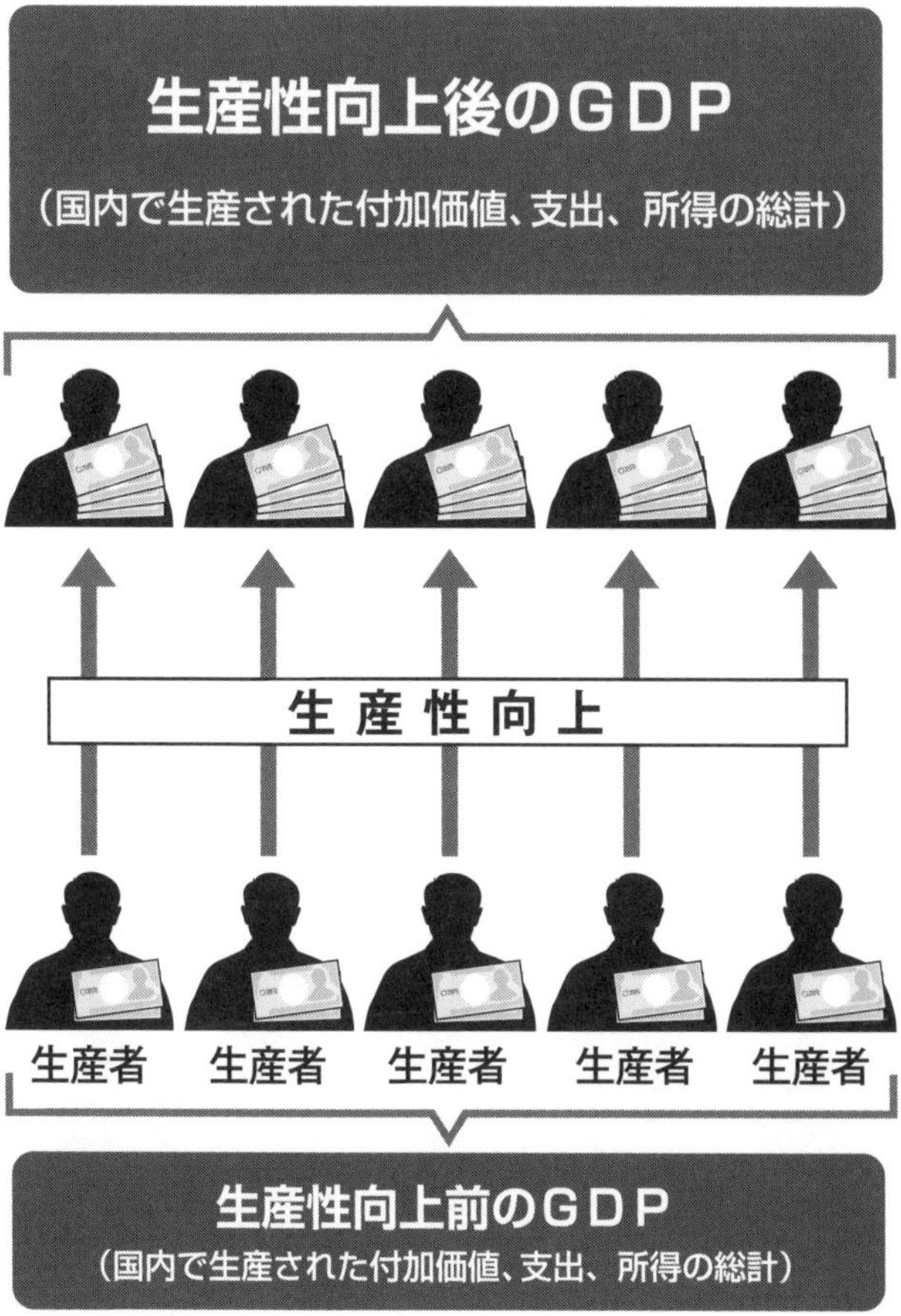

を目指さなければならない。理由は、そもそも企業の目的が「利益の最大化」であるためだ。生産性の向上は、企業単体にとっては利益の拡大となる。

生産性を高め、競合の市場シェアを奪い取る形になり、他社が倒産したとしても、それこそ「市場競争」の結果である。市場でフェアに競争し、生産性を高めることで「勝ち組」を目指す。企業としては、当たり前だ。

とはいえ、同じ感覚で「政府」までもが、

「生産性の向上は、常に正しい」

などと国民経済全体を締め上げてしまうと、少なくともデフレ期には困った話になる。何しろ、デフレ期には国内全体の仕事の量、すなわち名目GDPが拡大していない。デフレ期に無闇やたらと政府が生産性向上を促す施策を取ると、競争に敗れた企業で働いていた労働者が「失業者」となる。失業者は、消費を減らす。結果、需要不足に拍車がかかってしまうのである。

マクロ的に見ると（【図15】を眺めながら読み進めて欲しい）、一人の生産者の所得が増えたとき、別の生産者の所得が減ってしまうという話だ。総需要がふんだんにあるインフレギャップ期はともかく、所得のパイであるGDPが限定されるデフレ期には、生産性の向上は「国民経済全体」にとっては解決策にならない。

あるいは、生産性の向上を、
「労働者一人当たりの付加価値を増やす」
のではなく、
「企業としての付加価値は維持したまま、労働者の数を減らす」
形で企業経営者が達成しようとした場合も、やはり国内の失業者が増える。

日本企業に外国人の経営者が着任すると、いきなり「費用の削減」に邁進《まいしん》し、社員を大幅にリストラするケースが見られる。確かに、社員を減らしても売上が維持されるのであれば、「生産性が向上した」という話にはなるのだが、失業者の増加はデフレを悪化させる。

無論、解雇を免れた社員の給料が上がるという事例もあるのだろうが、所詮は「解雇された元社員の所得の一部が、残った社員に移転された」という話に過ぎない。国家全体で所得が増えたわけでも何でもない。

さらに言えば、現在は資本移動が自由化された「グローバリズム」の世界だ。企業が「グローバル」に利益を追求する、つまりは労働者の数は変わらずに（あるいは、減らして）利益を拡大しようとした場合、生産拠点を外国に移すという選択もある。利益とは「＝売上

――費用」であるため、工場を海外に移転し、費用（人件費）を削減すると、国内の生産者は失業者と化してしまう。

企業単体で見れば、常に正当化される「生産性の向上」「利益追求」も、デフレ期には「国民経済のデフレ化」に拍車をかけてしまうのだ。ミクロレベルの合理的な行動が、マクロに合成されると深刻な問題を引き起こす。これもまた、合成の誤謬の一種である。

「国民が豊かになるには、生産性を高める必要がある」

しかしながら、

「デフレ期に生産性を高めると、他者の所得を奪い取ることになる」

というわけで、結局のところ、

「デフレ期に国民は豊かになることはできない」

という結論が導き出せる。

というわけで、デフレに悩まされている国の政府は、新たに失業者を生まない形で総需要を創出し、デフレ脱却を目指す必要があるのだ。具体的には、政府の「追加的」な財政出動である。

政府が財政出動で「仕事」を増やすことで、これまでは活用されていなかった「生産者」

の資源が動き出す。失業者が雇用され、彼、彼女らが「追加的」に所得を獲得することになる。「追加的」とカッコ書きにしているのは、「他者の所得を奪い取らない形で、生産者が自らの所得を増やせる」ためである。

ところで、現在の日本は相も変わらぬデフレーションに苦しめられているが、未来永劫、デフレギャップの状態が続くのかといえば、もちろんそんなことはない。というよりも、我が国は「人口構造」上、将来的には確実に「インフレギャップ」に移転することになるのだ。

日本の人口が減り始めたのは2005年だが、生産年齢人口比率の方は、バブル崩壊直後に早くも減少を始めている。総人口という「総需要」に対し、生産年齢人口という「供給能力」の割合が下がっていったのだ。

本来であれば、日本はこの時点で「人手不足」が深刻化しなければならなかったはずなのだ。ところが、97年に橋本政権が緊縮財政（消費増税、公共投資削減）を断行し、日本は継続的に総需要が不足するデフレーションに突っ込む。すなわち、橋本政権以降の日本は、「（デフレにより）総需要と（生産年齢人口減少により）供給能力が同時に減った」

という、実に珍しい現象に見舞われたのである。結果的にどうなったかといえば、デフレーションが継続したにもかかわらず、失業率がそれほど上がらなかった。

無論、デフレが深刻化した2004年やリーマンショック後など、日本の失業率は5%を上回った。とはいえ、「普通のデフレ国（妙な言い方だが）」の失業率上昇は、こんなものでは済まない。08年に不動産バブルが崩壊し、その後、政府が緊縮財政を実施するという日本と全く同じ道のりでデフレに突っ込んだギリシャやスペインの失業率は、一時的に25%を上回った。また、史上最悪のデフレ期であった大恐慌期、アメリカの失業率は1933年に24・9%に達したのである。

日本の場合、橋本政権の失政によりデフレという総需要不足に突っ込んだものの、同時に生産年齢人口比率が減少していった。結果的に、失業率が他のデフレ国ほどに悪化しなかった可能性が高いのである。いわば、橋本政権は緊縮財政で日本をデフレに突っ込ませることで、総需要を減らし、生産年齢人口比率低下により縮小する供給能力と「マッチング」させてしまったことになる。

1997年に、もし橋本政権が緊縮財政を実施しなかった場合、我が国の国民経済がデフレ化することはなかった。総需要が落ち込まなかったという話で、その場合、日本は早

図16　日本の総人口(左軸、単位：千人)と
生産年齢人口対総人口比率(右軸)

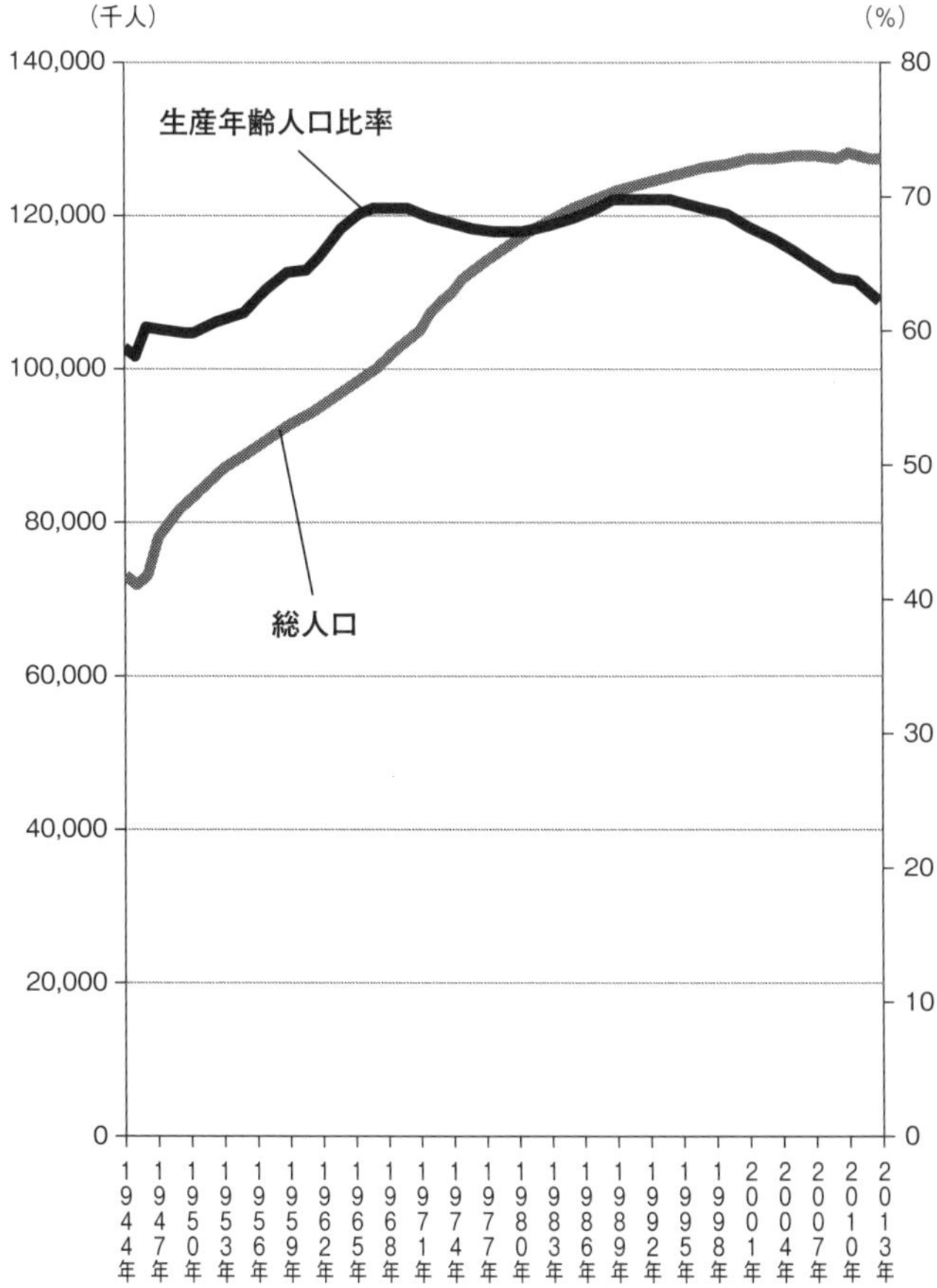

出典：統計局

い段階で「人手不足」に悩まされることになっただろう。

ところが、橋本政権により日本経済がデフレ化したため、生産年齢人口比率が低下しているにもかかわらず、人手不足の問題が顕在化しなかったのである。現実に日本で人手不足が問題視され始めたのは、２０１１年の東日本大震災以降のことだ。

現在の日本は、すでに少子高齢化が原因で生産年齢人口対総人口比率が低下していっている。人手不足は、今後、深刻化することはあっても、緩和されることは、少なくとも「しばらくは」ない。人口構造上、我が国が将来的には全般的に「インフレギャップ」の状況に移行することは確実なのだ。

というわけで、デフレギャップがある今のうちに、政府が公共投資を拡大し、

「将来的な生産性の向上を容易にする」

インフラを整備するべきなのである。無論、公共投資は何も生産性向上ばかりを目的に実施されるわけではない。来るべき首都直下型地震や南海トラフ巨大地震といった、大規模自然災害に備える耐震化、防災・減災のための投資も重要だ。また、我が国の老朽化したインフラをこのまま放置しておけば、やがては、

「渡れない橋」

「通れないトンネル」

などが増えてきて、日本の国土は分断化され、やはり「発展途上国化」してしまう。

とはいえ、公共投資に生産性を向上させる役割があるのも、また確かなのだ。わかりやすいので、運送サービスを例にとって説明しよう。

２０１４年6月28日、首都圏中央連絡自動車道（圏央道）の相模原愛川インターチェンジ（ＩＣ、神奈川県厚木市）と高尾山ＩＣ（東京都八王子市）間の14・８キロが開通した。これまでは、東名自動車道から関越自動車道に抜けたい場合、つまりは静岡・神奈川方面から埼玉・群馬・新潟方面に向かう車（逆も同じだ）は、

「東名自動車道から首都高に入り、内環状を北上し、外環自動車道に抜け西進、大泉ＪＣＴから関越に入る」

と、まことにバカバカしいルートを抜ける必要があった。もしくは、一般道に降りて環状八号線を北上しなければならなかったのである。

相模原愛川－高尾間に続き、桶川北本と白岡菖蒲の間が、15年度中に開通する予定となっている。ようやくのことで、東北道、関越道、中央道、そして東名高速の４本の高速道路が、環状線により結ばれることになるわけだ。

今後、およそ半世紀前に建造された首都高速道路を補修していくとなると（すでに始まっている）、環状高速道路の早急な整備は必須だ。環状線を開通させることなく、首都高のメンテナンス工事を始めると、都内が渋滞でパンクしてしまうことになる。運送サービスに従事する「生産者」にとって、ガソリンは食うわ、時間は喰うわ、ストレスは高まるわで、何一ついいことはない。

とりあえず、15年度中に圏央道が東北自動車道までつながるとなると、これは相当に効果が大きい。何に対しての効果かといえば、もちろん「生産性」である。

例えば、運送業の従業員の方が一人で、一日に１００キロの「運送サービス」を提供できていたとしよう。

圏央道の相模原愛川－高尾間が開通し、これまでは2時間近くかかっていた海老名－鶴ヶ島間が、48分に短縮されることになった。高速道路というインフラを整備することで、拠点間の運転時間は劇的に短縮化される。

すると、運送サービスの生産者は、例えばこれまでの2倍、一日２００キロの「運送サービス」を提供できるかも知れない。すなわち、生産性が2倍になったという話である。

上記の例は、いささか単純化しすぎかも知れないが、高速道路に代表されるインフラ整備が、生産性向上に貢献することは紛れもない事実だ。日本の高度成長期にしても、東名自動車道や東海道新幹線など、インフラが大々的に整備され、各生産者の生産性が劇的に向上したことにより、達成されたのである。

政府が目標を持って、「将来の生産性向上」を目的とした投資を拡大すれば、民間企業設備も増えてくるため、デフレギャップが埋まる。しかも、公共投資は「追加的」な政府の支出になるため、現時点で誰かの所得を奪い取る、という話にはならない。

現時点において、政府が公共投資を拡大することは、

「現在のデフレギャップを埋め、デフレ脱却を果たす」

と、

「将来の生産性を高め、インフレギャップを拡大させない」

を、同時に達成できるのだ。日本政府は今、

「将来の生産性向上のため、現時点で公共投資を中心とする財政出動を拡大し、デフレ脱却を図る」

という、当たり前すぎるほど、当たり前の政策を採用する必要がある。緊縮財政などに明け暮れている場合ではないのだ。

6 黄金の拘束衣の「黄金律」をこえて

続・衝撃の数字

２０１４年12月8日。14年７－９月期のＧＤＰ改定値が公表された。11月17日に引き続き、またもや日本中に衝撃が走った。

多くのメディアやエコノミストたちが、

「７－９月期のＧＤＰは改定値で上方修正される」

という予測を事前に流していたわけだが、結果は実質ＧＤＰが対前期比▲０・５％、年率換算で▲１・９％、名目ＧＤＰが対前期比▲０・９％、年率換算▲３・５％と、速報値よりも「下方修正」されてしまったのである。

特に、国民経済の「総需要」を意味する名目ＧＤＰが、年率換算で▲３・５％の縮小となったのは衝撃的だ。我が国が着実に、総需要（名目ＧＤＰ）が供給能力（潜在ＧＤＰ）に対して恒常的に不足する「デフレーション」の状況に戻りつつあることが、確実になってしまったのだ。

ちなみに、印象操作と言われるのはいやなので、14年７－９月期のＧＤＰ成長率（年率換算）について、民間調査会社が事前にどのように予想していたかをご紹介しよう。野村證券がプラス（！）０・２％、みずほ総研が▲０・２％、ニッセイ基礎研究所▲０・３％、明治安田生命保険▲０・４％、農林中金総合研究所▲０・４％、第一生命経済研究所▲０・５％、三菱総合研究所▲０・７％、日本総研▲１・０％、大和総研▲１・７％。九大民間調査会社の中では、大和総研のみが速報値（▲１・６％）からの「下方修正」を予測していた。とはいえ、現実は大和総研の予想以上に成長率のマイナス幅は大きくなってしまった（年率換算▲１・９％）。

なぜ、各調査会社は速報値公表時と同様に、７－９月期の改定値「下方修正」について読み切れなかったのか。実は、そこに現在の日本を悩ます「実質賃金の低下」問題解決のためのヒントがある。

民間のエコノミストたちが、７－９月期のＧＤＰ成長率について「上方修正」と予測した理由は、事前に財務省が発表した同四半期の法人企業統計において、設備投資が５・５％増と、大きな上昇を見せていたためだ。法人企業統計における設備投資拡大を確認したエコノミストたちは、支出面ＧＤＰの需要項目の一つ、「民間企業設備」が牽引する形でＧＤＰ成長率が上方修正されると予想したようである。ところが、実際の７－９月期の民間企業設備は▲0・4％と、速報値（▲0・2％）からマイナス幅を拡大してしまった。

法人企業統計は資本金10億円以上の企業は「全数抽出」だが、資本金額が下がるにつれ、抽出企業が全体に占める割合が小さくなっていく。すなわち、日本の企業数の99・7％を占める中小企業、小規模事業者の状況が反映されにくい統計なのだ。特に、小規模事業者の数は366万社（12年）もあるわけである。標本調査で中小企業、小規模企業の設備投資状況を把握することは、不可能に近い。

具体的な数字を書いておくと、14年7－9月期の法人統計調査では、資本金1千万以上の法人103万5440社の内、標本抽出された法人数が3万1475社で、回答率が73・8％。すなわち、実際に回答した法人の数は2万3241社だったのである。

しかも、2万3241社の内、資本金10億円以上の大企業が5394社だ。ここまで調査対象が大企業に偏ると、GDP統計と大きな乖離が発生してしまうのは無理もない。

さらに、日本では法人化していないため、法人企業統計に入らない個人事業主の数が、250万を超えている。財務省の法人企業統計は、日本の事業「全体」の状況を確認するには、やや統計手法が粗いのだ。

いずれにせよ、法人企業統計で設備投資がプラス5・5％だったにもかかわらず、GD

Pの民間企業設備が▲0・4％だったという事実は、いわゆる「アベノミクス」の効果が大企業に偏っていることを示している。日本の法人・事業主のマジョリティである中小企業・個人事業主には、アベノミクス効果は届いていないのだ。

さらに、GDPの民間企業設備がマイナス幅を拡大する中、財務省の法人企業統計（7－9月期）から、企業が配当金や税金を支払った後の「所得」である内部留保（利益剰余金）が、323兆7千億円と、史上最大に膨れ上がっていることが明らかになった。

第二次安倍政権が発足した時点（12年12月末）の内部留保金額は、274兆4千億円だった。第二次安倍政権発足後の2年間で、企業の内部留保は50兆円も増えたのだ。1年に均《なら》すと、25兆円である。

企業の銀行口座に積み上がった「年間25兆円」の利益剰余金が全額、国内で設備投資に使われていたら、それだけで我が国のGDPは5％以上の成長になったことになる。しかも、国内で設備投資にお金が回れば、別の企業の所得となる。25兆円規模の設備投資は、乗数効果によって、当初の投資金額以上のGDP拡大効果をもたらすはずだ。

ところが、現実には日本の企業は設備投資を拡大するどころか、利益が出たところまでが「銀行預金」を増やしている有様だ。理由はもちろん、経済のデフレ化により、

「国内に充分な仕事（需要）がないため」である。

企業の設備投資もまた、民間企業設備という「総需要」の一部だ。企業が設備投資を拡大せず、利益を内部留保として積み上げるため、国内の総需要の不足が終わらない。国内の総需要が不足しているため、企業は設備投資を拡大せず、利益を内部留保として預金してしまう。

まさに「鶏と卵」と呼びたくなる現象が、現在の日本を蝕《むしば》んでいるわけだ。日本銀行がマネタリーベースを拡大しているにもかかわらず、貨幣乗数が下落し、マネーストックが十分に拡大しないのは当然なのだ。現在の日本企業は、銀行融資と設備投資を拡大する気がないのである。

安倍政権の金融政策の拡大で円安が進み、大手輸出企業の収益が拡大しても、国内の投資には向かっていないというのが現実だ。拡大した収益は、銀行の預金口座で眠りについている。企業が内部留保を増やし、設備投資を拡大しなければ、国内の仕事は増えない。仕事が増えなければ、実質賃金は上がらない。

国民の実質賃金を引き上げるためには、マクロ的に、

「仕事∨労働者の供給」の関係を成立させなければならない。すなわち、人手不足こそが、実質賃金を上昇に導くわけである。そして、仕事の全額で見た総計は、名目GDPの大きさに等しい。

14年4月の消費税増税により、すでに名目GDPは縮小の局面に入った。国民経済「全体」の仕事の総額が増えていないにもかかわらず、消費税増税で物価を強制的に切り上げた。結果的に、我が国の実質賃金は下がった。もっとも、日本の実質賃金の対前年比マイナスは、何も14年4月に始まったわけではない。85ページ【図9】で実質賃金の絶対値のグラフをご覧頂いたが、対前年比で見た方がわかりやすいだろう。

次ページ【図17】の通り、確かに14年4月の消費税増税で、実質賃金の対前年比で見た落ち込み幅は、大きく拡大した。とはいえ、実は「きまって支給する給与」で見た実質賃金は、第二次安倍政権が発足した直後から対前年比でマイナスとなり、プラス化したのは唯一、13年4月（対前年比0・5％）のみなのだ。ボーナス等を含めた「所定内給与」で見ると、日本の実質賃金は14年10月まで16カ月連続で前年割れを続けている。

なぜ、大幅な円安が続いているにもかかわらず、日本の実質賃金は上昇に転じないのか。というよりも、そもそも安倍政権はなぜ、

図17　日本の実質賃金の推移(対前年比%)

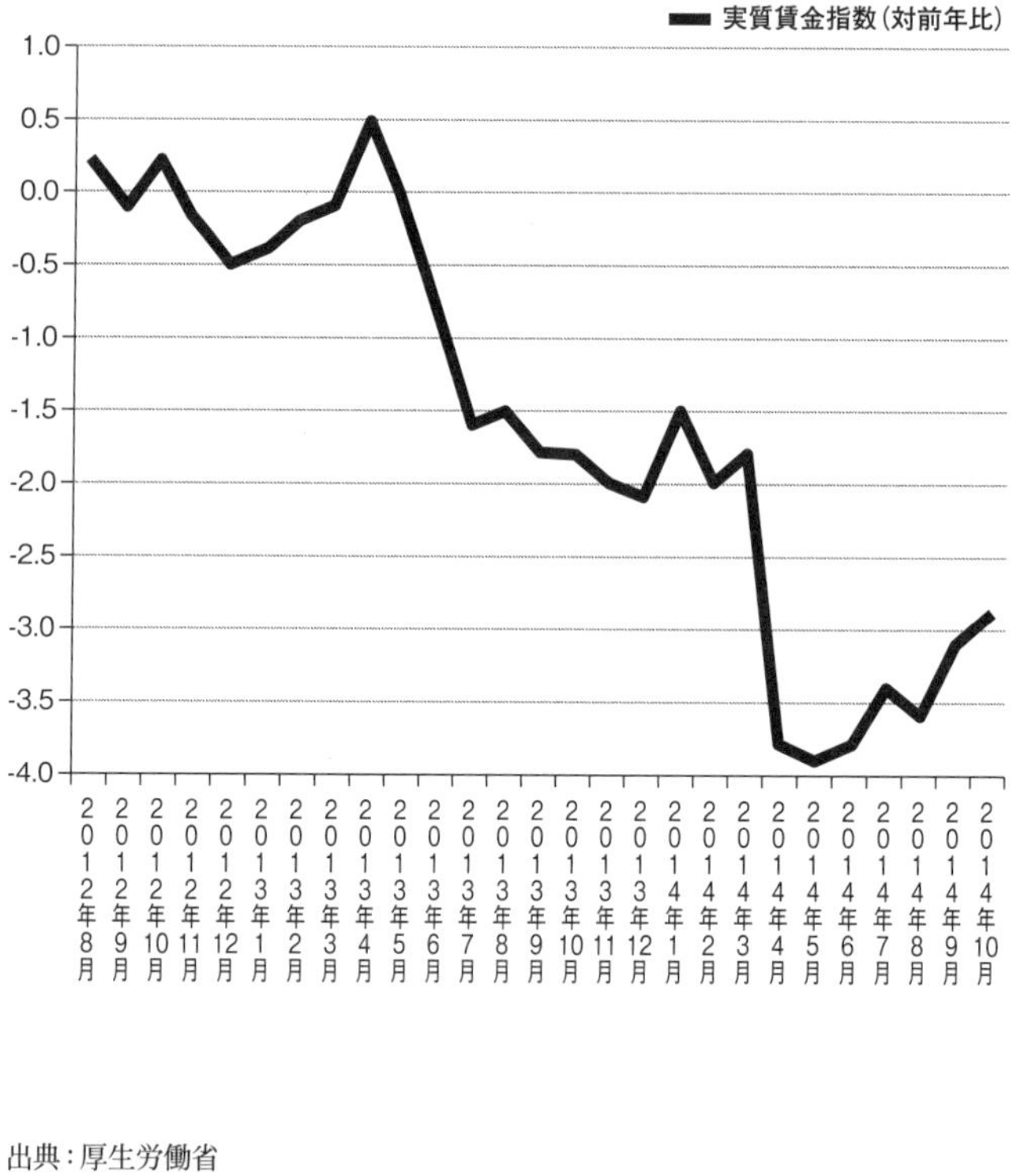

出典：厚生労働省

※きまって支給される給与。14年10月は速報値。

「金融政策により為替レートを円安に導き、輸出増加により実質賃金を引き上げる」

などと考えたのだろうか？

繰り返しになるが、実質賃金を引き上げるためには、仕事の総量である総需要を増やさなければならない。人手不足の深刻化こそ、実質賃金の上昇をもたらす。

まず日本銀行が金融政策を拡大し、量的緩和により為替レートを円安に導く。結果的に、日本の「輸出」という名目GDPの需要が増えれば、企業の民間企業設備（同じく需要項目）が活性化し、総需要が拡大する。無論、円安は輸入物価の上昇という形で、実質賃金を引き下げる方向に機能する。とはいえ、輸入物価上昇による効果を上回る「輸出・設備投資拡大効果」があれば、実質賃金は上昇するはずだ。

……という「期待」に基づき、安倍政権は「大胆な金融政策」を実施したと思われる。円安になれば、日本の輸出業のグローバル市場における「価格競争力」が高まる。輸出金額は、名目（金額）でも実質（量）でも増加する「はず」である。特に、実質的な輸出が増えると、輸出企業は国内生産を拡大する必要が生じるため、設備投資が増大し、雇用も改善。人手不足状態が進めば、賃金を、名目はもちろんのこと、実質的にも引き上げる必要が生じる。すなわち、実質賃金が上昇する。

日本銀行は、財務省の「貿易統計」で調査されている、財の輸出入の金額を、自らが作成の企業物価指数（原則として輸出入物価指数）で割ることで「実質化」した実質輸出入の統計を毎月、公表している。金額という名目値の輸出入の金額は、数量の変化と「単位量当たりの価格」の変動の双方から影響を受ける。名目値の輸出入金額を、物価指数で割り、物価変動の影響を除去することで、実質的な輸出入の動きを見ることができるのだ。実質的な輸出入という表現がわかりにくいならば、「量で見た輸出入」と言い換えても構わない。

実質の輸出入の推移をグラフ化すると、驚くべき現実が明らかになる。実質的な輸入については、リーマンショック後という一時期を除き、中長期的に増加を続けている。特に、東日本大震災後に菅内閣が全国の原子力発電所を停止したため、実質という「量」で見た輸入が急増した。

それに対し、実質輸出の方は、第二次安倍政権の金融政策により大幅な円安が続いたにもかかわらず、未だピーク（リーマンショック前）から10ポイントも低い水準で推移しているのだ。直近の2014年10月の数値を見ても、東日本大震災勃発前の11年2月の水準にすら及んでいない。

正直、7－9月期の実質GDPが2期連続のマイナス成長になった事実以上に、筆者は

図18　日本の実質輸出入の推移(2000年1月—14年11月)

出典:日本銀行

大きな衝撃を受けた。2年間で30％以上もの円安が進んだにもかかわらず、実質値で見た日本の輸出は増えていないのだ。

現在の日本政府の円安政策は、少なくとも「実質値」「量」で見た場合、輸出の増加には貢献していない。実質的な輸出が増えないのでは、大手輸出企業にしても国内の設備投資を拡大しようとはしないだろう。

無論、円安政策は「外貨」を稼ぐ大手輸出企業の収益を改善させる効果はある。例えば、

◆1ドル＝80円　輸出金額100万ドル（日本円換算　8000万円）

であった輸出企業は、40円の円安が進むと、

◆1ドル＝120円　輸出金額100万ドル（日本円換算　1億2000万円）

と、ドル建ての輸出金額が変わらなくても、日本円換算した「売上」が4000万円増えることになる。とはいえ、円安による「見た目の輸出金額拡大」は、所詮は物差しが変

わったに過ぎない。実質的に輸出「量」が増えたわけでも、何でもないのである。

大手企業は、円安で収益が改善したとしても、実質的に輸出量が伸びていない状況で、国内の設備投資を大規模に拡大することはない。日本企業の輸出が、円安であるにもかかわらず十分に伸びないのは、

- リーマンショック後に、日本の大手輸出企業が海外生産を拡大した
- 新興経済諸国が、日本企業へのキャッチアップを進めた
- そもそも、世界各国がデフレ化し、全体で需要が増えている状況にない

の三つが考えられるが、いずれにせよ、

「金融政策の拡大で為替レートを引き下げ、輸出を拡大することで実質賃金を引き上げる」

という、安倍政権の当初の目論見は、無残にも崩れてしまったわけである。

それどころか、円安は日本の輸入物価を押し上げ、

「輸出が伸びず、国内の設備投資が拡大しない中、輸入物価は上昇する」

という環境を創出してしまった。実質賃金が「消費税増税前」から対前年比でマイナス

になって、当たり前だ。

次ページ【図19】の通り、08年の「資源バブル崩壊」により大きく下落した日本の輸入物価指数は、その後、上昇局面に入った。特に、２０１２年の後半に急激に上昇を始め、現在は原油価格がＷＴＩ原油先物価格で60ドル台に低迷しているにもかかわらず、資源バブル崩壊前の水準に近付きつつある。ちなみに、ＷＴＩが史上最高値を付けたのは、08年7月11日の１４７・27ドルである。

ご存知の通り、日本は資源小国だ。資源小国であるにもかかわらず、原子力発電所を再稼働しないため、我が国のエネルギー自給率は６％と、眩暈《めまい》がするほど低い水準にまで落ち込んでいる。

原発を再稼働しない以上、我が国は外国からの原油やＬＮＧ（液化天然ガス）といった鉱物性燃料の輸入を拡大するしかない。２０１３年の数字を見ると、日本のドル建て輸入金額８３８９億ドルの内、２８２８億ドル、すなわち33・８％を鉱物性燃料が占めている。

本来であれば、ＷＴＩ原油先物価格が下落している環境は、日本にとっては福音である。全輸入の三割強を占める鉱物性燃料の輸入総額が減少し、貿易赤字も縮小するためだ。最大の輸入品目（鉱物性燃料）のグローバル市場における価格が落ち込んでいる以上、輸入

図19　日本の輸入物価指数の推移(2000年1月−14年10月)

出典：日本銀行

物価指数は低下に向かってもおかしくはない。

ところが、第二次安倍政権下の金融政策拡大による為替レートの引き下げが、原油価格下落の恩恵を台無しにしてしまっている。円安が進めば進むほど、全体の輸入物価は上昇し、反対側で輸出は実質的に増えない。結果的に、消費税増税前の時点で、早くも日本国民の実質賃金の下落が始まったのだ。

本書で散々に繰り返した通り、日本の株式市場における取引の主役は外国人だ。外国人投資家は、円安になれば日本株を買い越す。円安、GPIFのポートフォリオにおける株式の拡大等の「日経平均引き上げ政策」で、株価は確かに上昇するだろう。とはいえ、その反対側で日本国民の実質賃金は下がり続ける。理由は、輸入物価の上昇に加え、円安が輸出を実質的には拡大していないためだ。

現在の安倍政権の円安政策は、外国人投資家のキャピタルゲインは増やすが、日本国民の所得拡大には貢献していない。何しろ、実質賃金が下落を続けている上に、「経済成長」を意味する実質GDPの成長率も、14年4－6月期、7－9月期と、2期連続でマイナス成長となったのだ。

これが、真実である。黄金の拘束衣は、日本国民の所得が増える道をふさいでいる。

実質賃金の正しい引き上げ手法

もっとも、安倍政権は別に、

「為替レートを引き下げ、円安により輸出を拡大するために、金融政策を拡大する」

などとは公言していない。

当たり前である。日本のような経済大国は、為替レートを引き下げることで露骨に「他国の需要」を奪いにいくような真似はするべきではない（ドイツはやっているが）。日本の輸出とは、相手国にとって「輸入」になる。

支出面のGDPにおいて、輸出入は「純輸出」として計上される。純輸出とは「＝財・サービスの輸出―財・サービスの輸入」で計算されるのだ。

日本が他国に1億円の財・サービスを輸出すると、我が国のGDPが1億円増え、輸出相手国のGDPが1億円減ることになる。逆に、日本が外国から1億円分の財・サービスを輸入すると、我が国のGDPは1億円減る。無論、同時に輸入相手国のGDPが1億円増える。

そもそも、為替レートを引き上げ「他国の所得（ＧＤＰ）、雇用を奪いにいく」などといった経済政策は、各国の「通貨安競争」を引き起こしかねないため、表向きは認められるはずがないのだ。一応、安倍総理も閣僚も、金融政策の拡大について、

「円安が目的ではない」

と、繰り返している。

金融政策拡大の「表向き」の理由は、もちろんインフレ目標２％の達成である。困ったことに、日銀が掲げる「インフレ目標」の「インフレ率」は、正確には、「生鮮食品を除いた総合消費者物価指数（コアＣＰＩ）」を意味しているのだ。生鮮食品は、天候による価格変動が激しいため、ＣＰＩ（消費者物価指数）から除くのは理解できるが、なぜか日銀のインフレ目標の定義には「エネルギー価格」が含まれてしまっているのである。

先述の通り、日本のエネルギー自給率は６％に過ぎない。電力供給の「元」となる鉱物性燃料は、そのほとんどを輸入に頼っている。

すなわち、外国から輸入する鉱物性燃料の価格が上昇してしまうと、国内の需給環境とは無関係にコアＣＰＩは上昇するのだ。逆に、ＷＴＩ価格などが下落すると、やはり国内

の需給とは無関係にコアCPIが下落する。

そもそも、デフレーションとは総「需」要が供「給」能力に対し不足することで発生する。真の意味で「デフレ脱却」を確認するためには、デフレギャップ（需給ギャップのマイナス）やGDPデフレータを見る必要があるはずだ。

あるいは、せめて消費者物価指数から「食料・エネルギー」を除いたコアコアCPIの上昇率を、インフレ目標として定めるべきだろう。コアコアCPI（正式には「食料（酒類を除く）及びエネルギーを除く総合消費者物価指数」と呼ぶ）であれば、外国産の鉱物性燃料の輸入価格とは無関係に、国内の需給状況による物価変動を確認できる。

その「コアコアCPI」であるが、14年11月の数値を見ると、対前年比でわずか2・1%だった。日銀の試算によると、消費税増税が各CPI（全国）に与える影響は、プラス2%である。すなわち、消費税増税分を排除すると、11月のコアコアCPIは対前年比で0・1%の上昇に過ぎないのだ。

2014年11月、朝日新聞にショッキングな記事が掲載された。

「物価上昇率『ゼロ近辺』IMF、円安影響除き試算」（14年11月13日付　朝日新聞）

日本の物価上昇率（消費増税の影響をのぞく）を巡り、国際通貨基金（ＩＭＦ）が為替の影響を受けにくい品目に限った試算を行い、それが各国の財政金融当局に示されていたことが12日、分かった。上昇率は今年に入ってからもプラス０・３％程度〜マイナス０・２％程度の範囲を動く状況が続き、ゼロ近辺にとどまっていた。（後略）

14年11月の消費者物価指数（ＣＰＩ）及びコアＣＰＩの対前年比上昇率は、それぞれ２・４％、２・７％だった（コアコアＣＰＩは先述の通り２・１％）。日銀によると、消費税増税分の上昇率は２％であるため、日本のコアＣＰＩは実質的に０・７％前後の上昇になっているわけだ。

問題は、エネルギー価格の上昇はもちろんのこと、その他輸入製品に対する円安の影響である。円安により輸入品や原材料費の価格が上昇し、全体のＣＰＩ押上げに貢献しているわけだ。

というわけで、ＩＭＦが消費税増税や円安の影響を除いて日本のインフレ率を計算したところ、14年に入って以降もプラス０・３〜マイナス０・２％と、０％前後で推移しているという試算が明らかになったのである。明らかになったとはいっても、数値は各国の財政金融当局に示されただけであり、公開されたわけではないのだが。

問題なのは、円安による輸入物価上昇、そして「増税」により物価が上昇したところで、国民の可処分所得が減るだけのことであり、「国内需要の拡大」による、真の意味におけるデフレ脱却は成し遂げられないという点だ。というより、可処分所得が減った国民は消費を減らすため（実際に減っている）、デフレ脱却とは逆の方向に向かう。

原子力発電所を停止していることを受けた、電気料金の上昇も同様だ。現在、我が国の電力供給に占める火力発電の割合が88％（！）に達し、しかも火力発電の20％が稼働後40年を超えた老朽化火力という異常事態になっている。稼働後40年とは、人間に喩《たと》えると、80歳、90歳の高齢者である。本来は引退するべき高齢化した火力発電所が、電力マンたちの奮闘により何とか稼働を続け、日本国民への電力サービスを担っているというのが現実なのだ。

今のところ、我が国ではブラックアウト（大停電）は発生していないが、電力サービスの維持が継続できたとしても、話はそこで終わらない。何しろ、老朽化火力は原油をドカ食いする。さらに、ＬＮＧ火力もフル稼働しているため、エネルギー資源の「実質的」な輸入量が膨れ上がり、我が国の貿易赤字を拡大していっている。

13年の日本の貿易赤字18・1兆円の内、実に10兆円が鉱物性燃料の輸入により引き起こされている。内、3・6兆円が原発を停止したことによる「追加的なコスト」になる。

細かい話をしておくと、3・6兆円の内、為替安の影響は0・5兆円である。また、資源単価の上昇の影響分は、0・7兆円だ。

すなわち、3・6兆円のコスト増、貿易赤字拡大の内、7割超の2・4兆円は「数量の増加」が原因なのだ。

貿易赤字の拡大は、純輸出の減少（純輸入の増加）となる。すなわち、日本の「総需要」たる名目GDPを削り取る。エネルギー輸入コストの増大は、間違いなく我が国のデフレギャップを拡大する。

さらに、エネルギーコスト上昇の負担は、電力会社のみならず、一般の日本国民も担うことになる。電気代とは「節約はできないことはないが、結局はゼロにすることが不可能な、税金的な家計のコスト」に相当するのだ。

14年12月7日。関西電力が東日本大震災以降2度目の家庭向け電気料金の値上げを、遅くても年明けに政府に申請する方向で最終調整に入ったとの報道が流れた。関西電力は、

3期連続の赤字となったため、繰延税金資産の取り崩しをする必要がある。実際に繰延税金資産を取り崩すと、自己資本が約3000億円に減少してしまう。

自己資本が減少した段階で、15年3月度決算が昨年と同規模（2700億円）の赤字になると（実際そうなるだろう）、自己資本が枯渇することになる。大規模な増資をしない限り、2016年3月度決算で、関電は債務超過に陥ることが確定してしまうのだ。

関電が再稼働を申請している大飯原発3号機、4号機を動かすことができれば、何しろ原子力発電所1基で900億円の収支改善効果があるのである。関電の赤字幅は大きく圧縮され、債務超過になる時期を先延ばしすることができるだろう。

とはいえ、現実には再稼働の時期は確定しておらず、結局、関電は再値上げに踏み切らざるを得なくなってしまったわけである。

関電に限らず、原発を再稼働できない限り、原油価格が上昇しなかったとしても、各電力会社は電気料金の引き上げを繰り返さざるを得ない。結果、我々の支払った追加的な電気代が、鉱物性燃料を日本に輸出している「外国」に渡り、日本の名目GDPは削り取られる。総需要が削減されることで、日本経済のデフレ化が進み、日本国民の可処分所得も小さくなってしまう。

要するに、現在の日本で発生している物価上昇は、

「真の意味のデフレ脱却（需要拡大）による物価上昇」

ではなく、

「国民の実質賃金を押し下げる形の物価上昇」

なのだ。

しかも「国民の実質賃金を押し下げる形の物価上昇」ですらも、消費税増税分を除くと、日本銀行のインフレ目標2％には、まだまだほど遠い状況だ。結局のところ、日本政府にせよ、日本銀行にせよ、デフレの本質を理解せず、物差しを小さくする形でコストプッシュインフレの上昇を目指し、それすらもデフレ圧力に負けているという、意味不明な事態が発生しているわけである。

需要牽引型の物価上昇であれば、インフレ率が上昇したとしても、それ以上のペースで国民の所得が増えるため、実質賃金は下落しない。無論、安倍政権には円安で輸出という需要が増えるという「期待」はあったのだろうが、実質的には東日本大震災前の水準すら回復できていない。

ちなみに、総務省が発表する消費者物価指数は、数年間に一度の頻度で売れ筋商品を調

査し、調査結果に基づいて物価指標を作成している。昨今、企業間の価格競争が激化していることもあり、売れ筋商品は日々変化している。そのため、「数年間に一度」の売れ筋商品調査では、現実の物価指数を適切に把握できないという批判がある。

というわけで、東京大学大学院経済学研究科の渡辺努氏と明治大学総合数理学部・東京大学大学院経済学研究科の渡辺広太氏が、スーパーマーケットのPOSシステムを利用した新しい物価指数を提案している。その名も「東大日次物価指数」である。

東大日次物価指数を見ると、14年4月に一時的に0・5％を超えるプラスになった物価が、その後は下落を始め、再びマイナスで推移していることがわかる。消費税増税による「強制的な物価上昇」の効果が、早くも消え始めているのだ。

東大日次物価指数が総務省の消費者物価指数の「先行指数」であると理解すれば、これまで、

「物価上昇に賃金の上昇が追い付かない」

形で実質賃金が下落していた我が国は、今後は、

「物価が下落するが、それ以上に賃金が減少し、実質賃金が下がる」

状況に突っ込む可能性が濃厚であることがわかる。物価は下落するにもかかわらず、そ

図20　東大日次物価指数一週間平均の推移（2014年1月1日－12月5日）

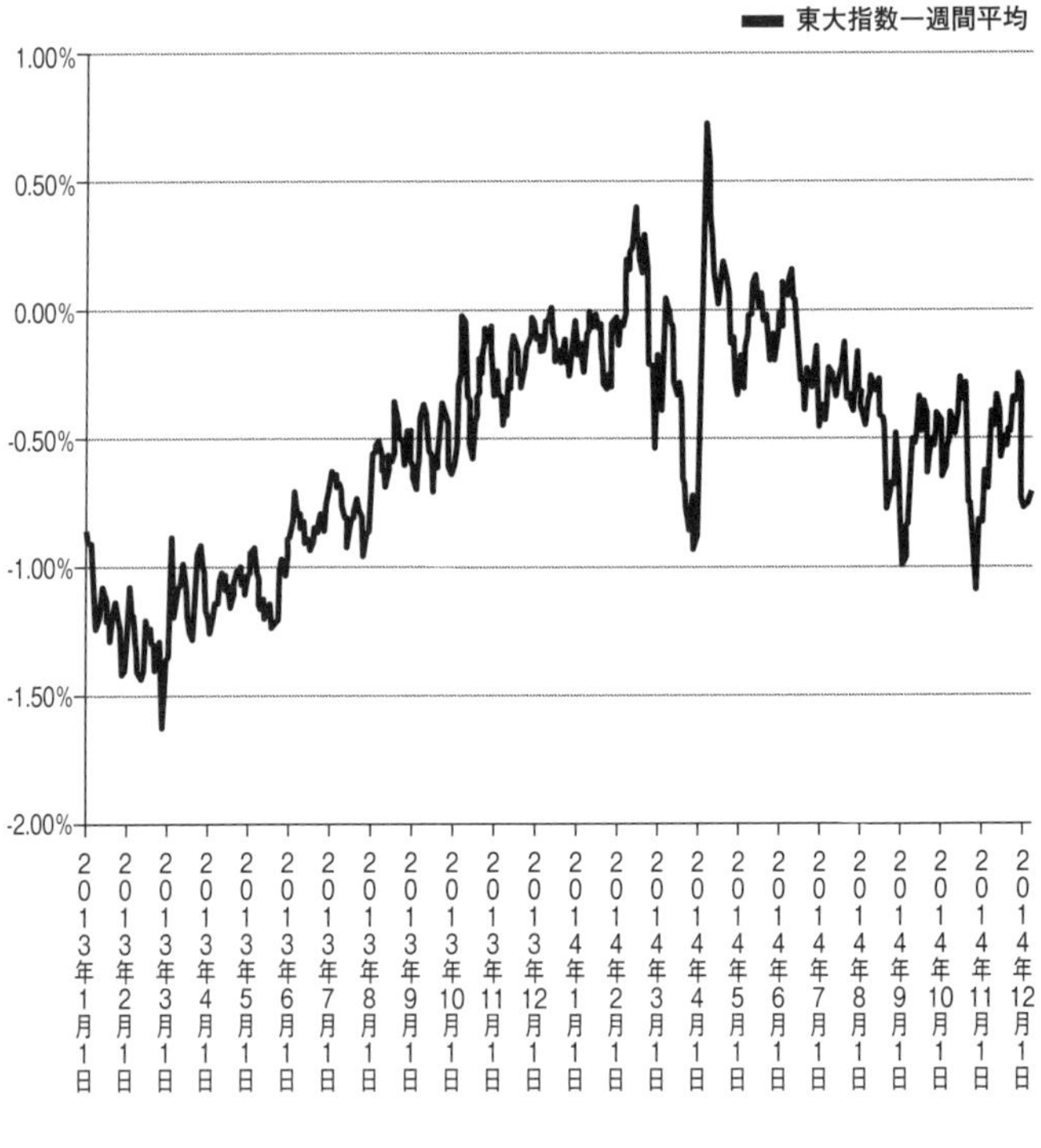

出典：東大日次物価指数プロジェクト

れ以上のペースで所得が小さくなり、実質賃金が低下していく。まさしく、デフレーションの再来だ。

改めて整理するが、デフレーションとはバブル崩壊と緊縮財政により、消費と投資という総需要が減少し、供給能力が過剰になることで発生する。供給能力（潜在GDP）と総需要（名目GDP）の乖離が、デフレギャップである。デフレギャップが埋まらない限り、我が国がデフレから完全に脱却する日はやってこない。そして、第二次安倍政権による消費増税と補正予算減額という緊縮財政により、日本のデフレギャップはさらに拡大することになる。

14年7－9月期の「名目」GDPは、年率換算で▲3・5％となった。金額に直すと、1年間で15兆円規模の総需要が消滅することになる。現実に総需要が小さくなっているにもかかわらず、安倍政権は需要縮小を後押しする緊縮財政を実施するわけだ。日本経済が再デフレ化しない方が、不思議というものだ。

総需要を拡大に転じさせ、さらに国民の実質賃金を引き上げるためにも、政府は「財政出動」という正しい政策に舵を切らなければならない。特に、政府の財政出動は「確実に」国民の実質賃金を引き上げる点に、注目するべきである。

例えば、公共投資拡大で建設労働者の「奪い合い」が発生すれば、実質賃金は引き上げられていく（政府の労務単価引き上げも必要だが）。13年の公共投資拡大で、建設関連の人件費は確かに上昇した。

ところが、14年度の補正予算を削減したため、すでに勢いは失速している。皮肉な話だが、公共関連の仕事が減っているため、少し前まで問題になっていた、建設関連の人手不足問題が、すでに解消の方向に向かっているのだ。

直近のデータを見ると、建設8業種の労働需給の季節調整比は、わずか0・5。人手不足問題は、過去の話になりつつある。補正予算を削り、さらに消費増税で「需要」を大きく削った以上、当然なのだが。

今回の「タイミング」がまずかったのは、「公共投資の減少」と「消費税駆け込み需要の反動減」が重なってしまったことである。民間の建設需要でいえば、特に新設住宅が大幅に落ち込んでいる（14年10月の新設住宅着工戸数は前年同月比12・3％減）。

安倍総理は衆院解散直前の経済財政諮問会議において、公共投資関連の補正予算は「災害対策等、緊急時の支出」にとどめる方向であると明言している。今後の公共投資は、またもや減少局面に入る可能性が高いのだ。

図21　建設労働需給調査結果(8業種)

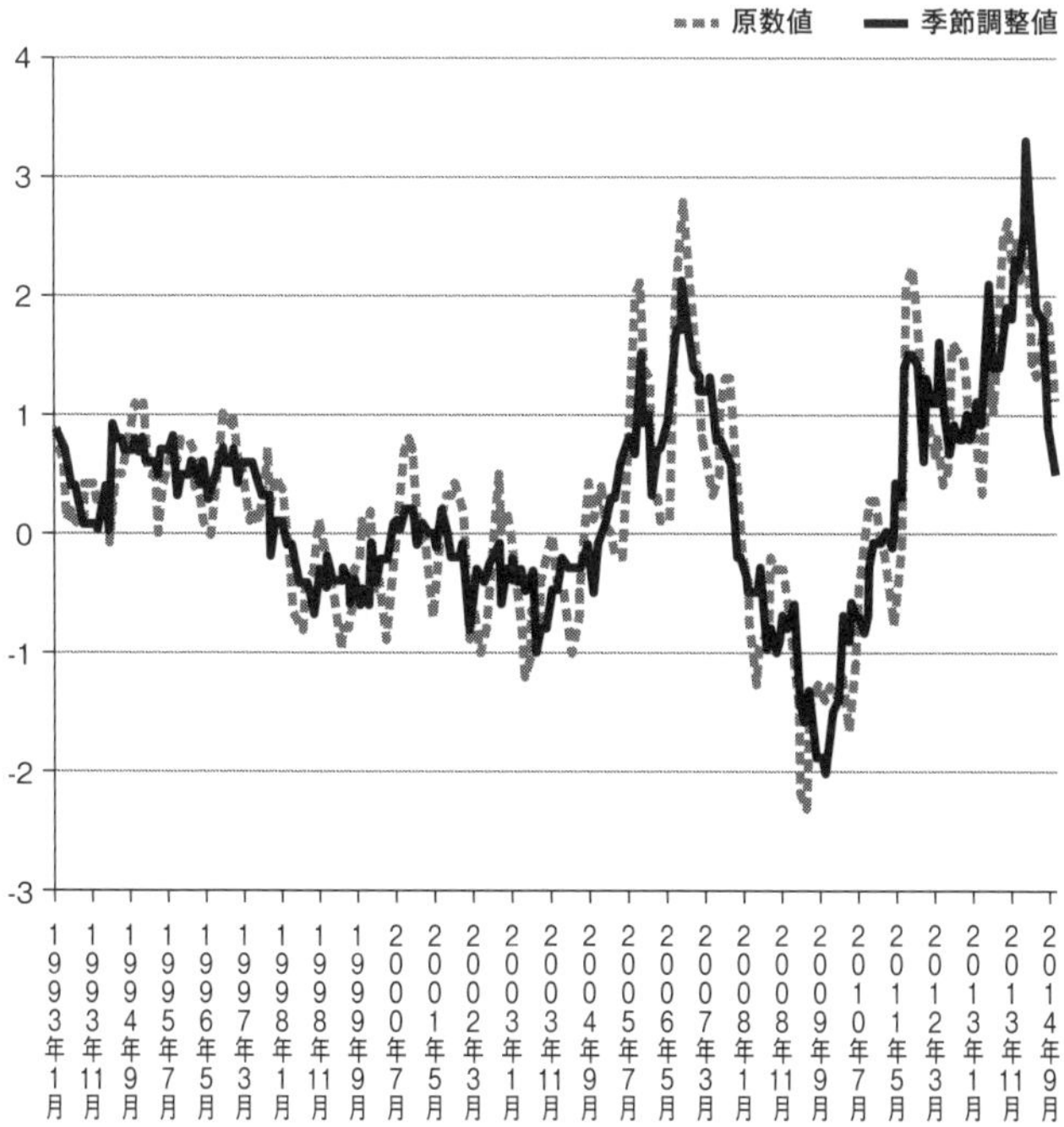

出典：国土交通省

※8業種：型わく工（土木)、型わく工（建築)、左官、とび工、鉄筋工（土木)、鉄筋工（建築)、電工、配管工

※グラフは上が労働者不足、下が労働者過剰

不思議なことに、日本には「経済成長」を主張しているにもかかわらず、公共投資について「バラマキ」「不要」などと、議論もなしに切り捨てる人が少なくない。彼らは最近、公共投資を「増やしてはならない理由」について、人手不足問題をレトリックとして多用していた。

とはいえ、２０１４年の急速な需要減により、建設産業の人手不足問題は解消されようとしている。今後の建設業界は、２０１１年以前同様に、人手不足ではなく「仕事不足」に悩まされることになるだろう。

14年12月14日に投開票された総選挙を巡る各党の議論を見ていると、財政出動について議論がなされないどころか、

「経済対策に公共投資を盛り込んでも、人手不足であるため、効果は薄い」

などと、平気で「嘘」を主張している政治家を見かけた。

現実には、我が国は「人手不足」ではなく「公共投資の不足」であり、さらには「消費増税」という緊縮財政により、景気が失速しつつある。それにもかかわらず、安倍政権は金融政策で株価を引き上げるだけで、肝心の「総需要」の拡大には乗り出そうとしない。

結果、我が国の実質賃金はひたすら下落していくことになる。

経済学者ではなく「経営者」として考えれば、当たり前すぎるほど当たり前なのだが、企業が設備投資を決断するには、「実質金利」の低下云々以前に、目の前に充分な仕事が存在することが必要だ。そして、人材の雇用も「投資」であることに変わりはない。

企業にとって、従業員を新たに雇うこともまた、リスクを伴う投資なのだ。リスクが厳然と存在する以上、経営者の雇用判断には、

「実質賃金が下がっている」

以上に、

「少し高い人件費を払っても、十分に儲けることが可能な仕事がある」

ことが決定的な影響を与えるのだ。というよりも、経営者が「少し高い人件費」で人材を雇用しようとして初めて、実質賃金の下落は止まる。

それにしても、現在の安倍政権に影響を与えている経済学者たちは、

「インフレ率が上昇すれば、国民はモノやサービスを高くなる前に買おうとするはずだ。すなわち、インフレ率上昇は消費拡大をもたらすはずだ」

「実質金利が下がれば、企業は設備投資を拡大するはずだ」

「円安になれば、輸出企業の輸出は増えるはずだ」

「実質賃金が下がれば、企業は人を雇用するはずだ」

などなど、「はずだ」という言葉に裏打ちされた定性的な「期待理論」に偏り過ぎている。無論、消費税増税の影響は大きかったが、現実の日本では消費は伸びず、設備投資も全体ではマイナス成長が続き、輸出は実質的に増加せず、失業率も3・5％で下げ止まってしまった。筆者に言わせれば、

「実質賃金が下がっている以上、国民が消費を安定的、継続的に増やすことはない」

「企業経営者は別に実質金利とやらを眺めながら投資決断をするわけではない。目の前に充分な仕事がない限り、企業の設備投資は増えない」

「円安が実質的な輸出を拡大していない以上、単に実質賃金切り下げ圧力が生じているだけ（株価は上がるが）」

「目の前に充分な仕事がない限り、実質賃金が下がっても企業は積極的に人を雇おうとはしない」

という話である。

結局のところ、現在の主流派経済学が、

「供給が需要を創出する」

というセイの法則に支配されていることが問題なのだろう。経済学者は常に「目の前に充分な仕事がある」という前提でソリューションを提案する。とはいえ、デフレ期の国民経済では総需要が不足しており、国内に充分な仕事はない。

それにもかかわらず、経済学者の（デフレ期には）間違った理論が政権に採用されがちなのはなぜなのだろうか。単純に、現在の主流派経済学の「理論」とやらが、黄金の拘束衣を身に着けた政治家にとって都合がいいからに過ぎない。

レクサスとオリーブの木

トーマス・フリードマン（経済学者のミルトン・フリードマンではなく、ジャーナリスト）の『レクサスとオリーブの木』では、グローバリズムへの適応例としてトヨタの「レクサス」が、反発の象徴として「オリーブの木」が使われている。市場をグローバルに設定し、超近代的な工場でレクサスを生産し、所得を稼ぐ人々。地元のオリーブの木を守るために、グローバル化に反発する人々という対比になっていたわけだ。

何となく結論じみたことを書いておきたいが、「グローバル化」と「反グローバル化」は、オール・オア・ナッシングで切り分けられるものではない。よく言われるが、グローバル化と鎖国（他国とのモノ、サービス、ヒト、カネの動きを完全に遮断する）との間には、無限のバリエーションがあるのだ。そもそも「鎖国」をしていたと、歴史の教科書に載っている江戸期の日本にしても、オランダ、清国、李氏朝鮮、そして琉球王国と通信や交易が続けられていた。

しかも、清国をはじめとする当時の東アジア諸国の多くは「海禁政策」を採用していたのである。政府が海賊行為や密貿易を防ぐことを目的に、一般民衆に海を通じて交易することを禁止していたのだ。


現在の世界各国に求められるグローバル化への「考え方」は、

「レクサスか？　オリーブの木か？」

という二者択一ではなく、

「自国にとって最も適切なグローバル化のバランスは、何なのか？」

を模索することだろう。完全なるグローバル化と、完全なる鎖国との間で、自国民を豊かにする「経世済民」の実現が可能なバランスを探るのだ。


さて、本書の主テーマである「黄金の拘束衣」とは、グローバル化された世界で「国境を越える資本」の影響力が強まる中、次第に政府にはめられていく「枷《かせ》」「鎖」のことである。特に、発展途上国の場合は、国民経済の供給能力が不十分であるため、外国からの技術、投資、人材を呼び込むために、

「グローバル投資家に都合がいい政策」を採らざるを得ない。さもなければ、途上国の政府は経常収支の赤字（＝対外純負債の増加）が拡大していく中、国際金融市場に「外貨建て」の国債を発行せざるを得なくなり、最悪、政府の債務不履行（デフォルト）という制裁を受ける羽目になる。すなわち、財政破綻に追い込まれるのだ。

国際金融市場で国債を「外貨建て」（もしくは「共通通貨建て」）で発行する場合、投資家を呼び込むために「格付け」を引き上げることが求められる。ムーディーズやS＆P、フィッチといった格付け会社の機嫌を損ねる政策を採ると、容赦なく格付けを引き下げられる。結果、国債市場における国債金利（ソブリン債の金利、と呼ぶ）が上昇し、その国の政府は「財政破綻」に一歩近づく。

ちなみに、ムーディーズなどの国際的な格付け会社は、なぜか「外貨建て・共通通貨建ての国債」と「自国通貨建ての国債」を同じ土俵で比較する。例えば日本政府を例にとる

と、「子会社」の日本銀行に日本円を発行させ、買い取らせることで、事実上「棒引き」にしてしまうことが可能な日本円建て国債と、棒引きが不可能な外貨建て国債とでは、「デフォルトの確率」は当然、異なる。そもそも格付けとは、デフォルトの確率を記号で表したものなのだ。

現在、日本国債は100％日本円建てである。なぜ、日本円建てかといえば、読者が銀行に「日本円」を預金しているためだ。日本円建ての預金を政府が国債発行で借り入れ、国内で使う。当然の結果として、外国人が保有している国債も含め、日本国債は全て日本円建てとなる。

そして、日本政府は日本銀行を通じて日本円を発行し、国債を償還（借金返済）してしまうことができるのだ。というよりも、現時点でも猛烈な勢いで実際にやっている。

というわけで、日本国債の「格付け」は、最高格付けであるAAA以外には考えられない。何しろ、日銀が国債を買い取ると、「政府の借金」が事実上、消滅してしまうのである。

もっとも、日銀が際限なく国債を買い取り始めると、当たり前の話としてインフレ率が過度に上昇するという「リスク」を抱える。だが、ここで問題にしているのは「債務不履行の確率（格付け）」であり、インフレ率の調整の話ではない。

それにもかかわらず、格付け会社は国債の格付けの際に「通貨」を無視する。そして、政府負債の「合計金額」をGDPと比較し、「対GDP比で何パーセントに上昇したため、格下げ」などと、愚かしいことをやっているのだ。

２００１年にアルゼンチンが財政破綻した際には、政府負債の対GDP比率は50％に過ぎなかった。２０１２年のギリシャの債務不履行時は、１００％程度である。政府負債対GDP比率が１００％だろうが、50％だろうが、「外貨建て」「共通通貨建て」の場合は、政府のデフォルトのリスクは存在する。財政破綻の可能性が「ある」という話だ。

それに対し、政府の負債が自国通貨建ての国は、財政破綻の可能性は「ない」。破綻の確率が低いという話ではなく、可能性がないのである。それにもかかわらず、格付け会社は日本に対し、国債の格下げという「いやがらせ」を頻繁に仕掛けてくる。

第二次安倍政権が15年10月に予定されていた消費税率10％への引き上げを「延期」した際も、

「増税を延期すると、格付け会社が日本国債を格下げし、長期金利が急騰して破綻する」

と、愚かしいレトリックで批判した政治家やエコノミストたちがいた。

実際、12月1日、大手格付け会社のムーディーズが、日本国債の格付けをＡａ３からＡ

1に引き下げた。結果、何事が起きたか。

格下げ後の日本国債の長期金利が、0・421%から0・428%に「まで」上昇してしまった！

「大変だ！　長期金利が0・007%も上昇してしまった」

というオチであったわけだが、翌日には長期金利は早くも0・424%に下がった。

そもそも、日本国債の金利が低い理由は、デフレで民間の資金需要が乏しいためである。「格付け」が高いためでも、「国の信認」があるためでもない。すでに解説した通り、ユーロ6カ国（ドイツ、フランス、オランダ、ベルギー、フィンランド、オーストリア）の長期金利も1%を割り込んだが、これも同じ理由だ。

バブル崩壊後に緊縮財政を強行した国は、国内の総需要（名目GDP）が縮小し、投資先がなくなり、民間企業がお金を借りなくなる。その状況になると、中央銀行が政策金利を引き下げようが、量的緩和で国債を買い取り、通貨を発行しようが、民間企業は銀行融資や設備投資を増やさなくなる。

銀行に「借入金」である預金が貯まる一方になるわけだ。銀行から企業への貸出が減る反対側で、国民はひたすら銀行に預金をし続ける。結果、銀行は預金を国債で運用せざる

図22　主要国の長期金利(新規発行十年物国債金利)の推移(単位：%)

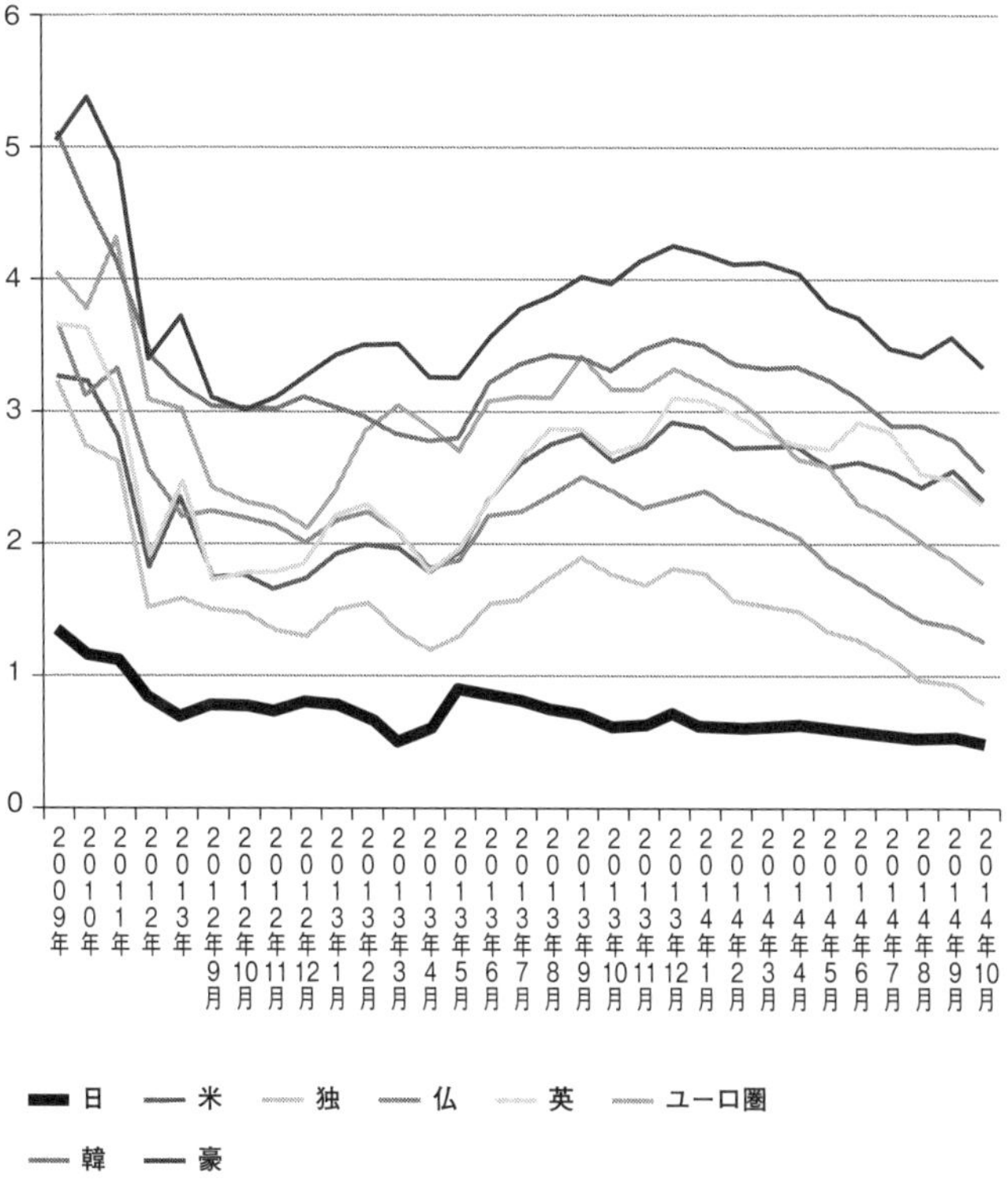

出典：外務省「主要経済指標　2014年11月」

を得なくなり、国債金利は下がる。ただ、それだけの話だ。

もっとも、ユーロの場合は共通通貨であるため、デフォルトの可能性は必ずしも「ゼロ」ではない。先述の通り、デフォルトとは「債務不履行（デフォルト）の確率」を記号であらわしたものだ。

共通通貨ユーロを採用している国々は、ドイツといえどもデフォルトの可能性はある（直近はゼロに近いが）。それに対し、日本の場合は独自通貨国で、かつ国債は100％日本円建てだ。日本国債のデフォルトの確率は、間違いなくゼロである。それにもかかわらず、日本国債の格付けは中国や韓国を下回っている。バカバカしい限りだ。

とはいえ、グローバリズムの世界では、この種の子供でもわかりそうな「間違い」を犯し続ける格付け会社に、世界は振り回されてしまう。そもそも、リーマンショック前の世界的な金融バブルは、格付け会社がサブプライムローンを含んだ証券化商品に「AAA」という格付けを行ったことで、膨張した。

厳密にいうと、格付け会社はアメリカの投資銀行と組み、AAAの格付けになる証券化商品の「組み合わせ」を提案したのである。それはもちろん、各種証券化商品がAAAという最高格付けになって当然だ。

不動産バブルの崩壊が始まり、サブプライムローンの延滞率が急騰すると、ムーディーズは証券化商品を一気に格下げした。結果、現在に連なる混乱が始まったわけである。世界経済の「混乱増長」に大きな役割を果たしたにもかかわらず、格付け会社は格付けのミスを責められると、

「格付けは言論の自由の範囲である」

と、言い訳をした。この手の無責任な「連中」など、基本的に無視するべきなのだ。

参考までに、日本の財務省は、02年にやはりムーディーズから日本国債の格差下げを通告された際に、有名な「外国格付け会社宛意見書要旨」を送付し、反論している。

反論は、以下の一文から始まる。

「日・米など先進国の自国通貨建て国債のデフォルトは考えられない。デフォルトとして如何なる事態を想定しているのか」（「外国格付け会社宛意見書要旨」https://www.mof.go.jp/about_mof/other/other/rating/p140430.htmより抜粋）

全くもって、ご尤《もっと》も。日米などの先進国の「自国通貨建て国債」のデフォルトは、考えられない。格付け会社は日本やアメリカの「デフォルト（債務不履行）」として、いかなる事態を想定しているのだろうか。

ちなみに、上記の見事な反論文を各格付け会社に送り付けた責任者は、当時は財務官だった現日銀総裁の黒田東彦《はるひこ》氏である。

ご存知の方が多いかも知れないが、現在の日本は、国債のデフォルトどころか、銀行側が「国債を手放さない」状況になっている。結果、マイナス金利で国債が取引されるという、異常事態が続いているのだ。

ところで、勘違いしている人が少なくないのは、ユーロ圏が採用している「マイナス金利政策」との違いである。これは、ユーロ圏の銀行がECB（欧州中央銀行）の当座預金（日銀当座預金と仕組みは同じ）にお金を預けた際に、ECB側が金利を「徴収する」仕組みである。本来はお金を預けた側（ユーロ圏の銀行）が金利を受け取るはずが、逆になっているのである。

ECBの当座預金にユーロを預金すると、金利を「取られる」。というわけで、ユーロ圏の銀行はお金をECB当座預金に預けるのではなく、民間企業への貸出を増やす「はずだ」という目論見だったわけである。残念なことに現実には、ECB当座預金にお金を置いておけなくなったユーロ圏の銀行が、こぞってユーロ各国の「国債購入」（政府への貸出）に走り、各国の国債金利を引き下げただけに終わったが。

それはともかく、ECBとは異なり、日本銀行は日銀当座預金に0・1％の金利を付けている。そもそも、当座預金に金利を付ける時点でどうかと思うわけだが、筆者が麻生財務大臣と話す機会があった際に、日銀当座預金の金利問題について尋ねてみると、

「日銀当座預金に金利をつけなければ、銀行が国債を日本銀行に売ってくれなくなる」

と、何となく「本末転倒」な答えを返されてしまった。

事実、あまりの民間資金需要の乏しさに、最近は日本銀行が銀行から国債を買い取ろうとした際に、「札割れ」になるケースが増えてきている。ここでいう「札割れ」とは、政府が国債を発行しようとした際に「誰も買ってくれない」という話ではなく、日本銀行が国債を購入しようとしても「誰も売ってくれない」という意味である。

14年10月17日、日本銀行が短期国債を買い入れ、日本円を発行しようとした。すると、日銀の購入枠に民間金融機関（銀行など）の応札額が届かず、札割れとなってしまったのだ。日銀の国債買入枠が3兆円だったにもかかわらず、銀行側が2・6兆円しか応札しなかったのである。わかりやすく表現すると、日本銀行が、

「3兆円分の短期国債を買います。銀行の皆さん、売ってください」

と、呼びかけたにもかかわらず、銀行側は、

「国債を売りたくない」

という話になり、４０００億円の国債買い取り枠が消化できなかったのだ。

1週間後の10月23日には、さらにとんでもない事態が発生した。

日本政府が短期国債を発行し、5兆円の日本円を調達しようとしたところ、銀行側が「カネを貸させて欲しい」と殺到。倍率が10倍を超えた。

日本政府の5兆円の借入枠に対し、銀行側の「日本政府、借りてくれ！」というお金の金額が、50兆円を上回ってしまったのだ。結果、何と日本政府は「マイナス金利」でお金を借りる（＝国債を発行する）ことになった。お金を借りた日本政府が、金利を「もらう」という、奇妙な事態に至ったのだ。

マイナス金利であるため、銀行は国債を満期まで持っていると損をする。とはいえ、国債は流動性が高く、日銀からお金を借りる際の担保としても使える。さらに、現在は日銀が国債買い取りを拡大しており、市場の国債が「枯渇」の方向に向かっている。

というわけで、政府は「お金を借りて、金利を受け取る」という、信じられない状況になってしまったのである。

財政破綻、財政破綻とマスコミが喧《やかま》しく騒ぎ立てる日本国において、最も人気がある金融商品が「国債」なのである。不思議な話もあるものだ。

現在、日本の国債金利（財務省の新規発行ではなく、市場価格）を見ると、3年物で0・01％（桁を間違えているわけではない）と、虫眼鏡で見なければわからないような水準にまで落ち込んでいる。1年物国債に至っては、本稿執筆時点で▲0・01％と、見事なマイナス金利だ。一部の短期国債の金利が、ゼロどころか「マイナス」に落ち込み、10年物の長期国債が0・3％を下回っているほどに、「カネ余り」状態になっているのが日本国なのである。ここまで金利が下がってしまうと、日本銀行がECBに倣って「日銀当座預金」をマイナス金利にしても、無駄であろう。単に、国債金利が今以上に下がるという結果を招くだけだ。

黄金の拘束衣の「黄金律」

人類史上空前のカネ余り状態であり、かつ国債が100％自国通貨建て。日本銀行が国債を買い取ると、政府の実質的な借金が消滅する日本国であるが、なぜかムーディーズに限らず、大手格付け会社は極めて我が国に冷たい。

2014年12月9日。大手格付け会社の一社であるフィッチが、日本の格付けを「ウォッチネガティブ」とした。これまた、事実上の格下げである。

前出の『レクサスとオリーブの木　グローバリゼーションの正体』において、トーマス・フリードマンは格付け会社（書中では「信用格付け機関」と呼んでいるが）について、

「電脳投資家集団のブラッドハウンド、つまり警察犬」

と呼んでいる。

電脳投資家集団とは、今風に書くとグローバル投資家という意味である。

フリードマンは同著において、格付け会社とカナダ政府に関する興味深いエピソードを書いている。

1995年、カナダ国会が国家予算を審議している最中に、ムーディーズの一団が訪れ、カナダの大蔵省と立法者たちを「叱りつけた」という（そう書いてある）。ムーディーズからの使者たちは、カナダが財政赤字対GDP比率を国際基準（？）に合わせるか、もしくは国際基準から見て「まずまずの数値」に近づけないならば、ムーディーズ社はカナダ信用格付けをトリプルAから下げざるを得ない。そうなると、カナダの国も企業も全て、海外から資金を借りる際、今より高い利子を払わなければならなくなる、と警告したのである。

カナダの大蔵大臣は、ムーディーズの警告を受け、

「経済規模に比べて、対外債務の額が非常に大きいことだけを取ってみても、わが国は、

世界金融市場の気分ひとつで、とほうもなく大きな痛手を被る恐れがある。われわれは経済的主権の喪失を身にしみて実感している」

と、声明を発表した。

当時のカナダは、格付け会社（格付け「機関」ではない）の「意向」により、自国の国家予算を「調整」しなければならなかったわけだ。まさに、経済的主権の喪失である。

この話のポイントは、格下げをされた場合に、カナダの政府や企業は、

「海外から資金を借りる際、今より高い利子を払わなければならなくなる」

という部分になる。

日本は、世界最大の対外純資産国である。しかも、国債が自国通貨建てであり、独自通貨国だ。日本銀行が国債を買い取れば、政府の実質的な負債が消滅する上に、実際に買い取りを継続している。

未だにデフレが継続し、インフレ率は超低迷。国債金利はスイスと並んで世界最低なのが日本国である。地球上で、最も安い資金コストでお金を借りることができるのが、日本政府という話なのだ。

現在、国内の銀行の日銀当座預金や企業の内部留保（現預金）の額が、史上最大規模に

まで膨張している。外国に投資をするならばともかく、日本国内で誰かが投資をしようとしたとき、「海外からお金を借りる」必要など全くない。

というより、国内でお金が借りられず、カネ余り、投資不足が極端な水準に至っているからこそ、日本政府の国債金利は世界最低なのだ。我が国の問題は、

「投資が不足していること」

であり、

「資金が不足していること」

ではない。

ドイツの中央銀行であるブンデスバンク（ドイツ連邦銀行）のバイトマン総裁は、2013年8月30日、ユーロ圏の銀行の民間企業向け貸出が落ち込み続けていることを受け、

「銀行のバランスシート上でソブリン債（注：国債など）を優遇する措置をやめれば、民間部門向け融資が増える」

との認識を示した。すなわち、バイトマン総裁は「民間の資金需要不足」ではなく、国債が銀行のバランスシートで優遇されているために、民間企業向け貸出が増えないと理解

していたわけだ。まさに、

「頭の中に、セイが住み着いている」

という感じである。もちろん「セイの法則」の（ジャン＝バティスト・）セイだ。

バイトマン総裁の認識が典型だが、現在の主要国の政策担当者は、

「民間の資金需要不足など存在しない。銀行がお金を貸しやすくすれば、自然に銀行融資と設備投資は増える」

と、信じ込んでいる節がある。先に紹介したＥＣＢのマイナス金利政策は、まさに上記の「考え方」に基づき実施されたのだが、現実には民間企業向け融資ではなく、政府への貸出（国債購入）が増えただけだった。

バイトマン総裁が何を言おうと、現実の日本やユーロでは、長期金利が１％を下回る状況になっているにもかかわらず、設備投資は活性化していない。理由は仕事の総量、すなわち「需要」が不足しているためである。

ムーディーズやフィッチ、Ｓ＆Ｐといった格付け会社の問題点は、日本国債の場合、財務省の「外国格付け会社宛意見書要旨」からもわかる通り、

「そもそも、独自通貨国、世界最低の金利、国債が１００％自国通貨建ての国がデフォル

トするなど、あり得ない」

に加え、

「国民経済が貯蓄不足で、投資のために外国からお金を借りる必要がある」

ことを前提としていることだ。すなわち「需要」が十分に存在し、企業が投資を拡大しようとしている「インフレ経済」の世界に、彼らは未だに生きているのである。

要するに、「セイの法則」が成立している世界だが、現実の日欧はバブル崩壊と政府の緊縮財政で経済がデフレ化し、問題は「資金不足」ではなく「投資不足」に移っている。それにもかかわらず、未だに「資金不足」の経済を前提に、格上げだ、格下げだとやっているのが、現実の格付け会社なのだ。

「違う世界で生きている格付け会社」の動きに、政治家が過敏に反応し、結果的に経済的主権を毀損している国が少なくないわけだから、愚かしい限りである。結局は、黄金の拘束衣の威力があまりにも強力で、あるいは「やり方」が巧みで、

「外国人投資家」

「グローバリズムの警察犬たる格付け会社」

の意向に対し、政府が「精神的に」あるいは「支持率を気にして」神経過敏にならざる

を得ない状況まで、次第に追い詰められていったというのが、グローバリゼーションの世界なのであろう。

「違う世界」ではなく、現実の世界で生きている我々は、格付け会社や民間調査会社、さらにはエコノミスト、経済学者らがどれほど「間違っているか」を理解し、政治に反映させる必要がある。アメリカや欧州でも、すでに上記の動きが始まっている。

格付け会社は、少なくとも日本や欧米諸国にとっては、もはやグローバリズムの警察犬などではないのだ。彼らは違う世界で生きる、現実離れした周回遅れランナーたちなのである。

何しろ、S&Pは2011年8月5日に、アメリカの格付けをAAAからAA+に格下げした。結果、アメリカ政府の格付けがマイクロソフト社より下になってしまったのだ。世界のマイクロソフトとはいえ、一企業であることに変わりはない。ドルを発行できるアメリカ政府が、ドルを発行できない一企業よりも「デフォルトの確率が高い」などということは、絶対にあり得ない。

ところで、どれだけ格付け会社が格下げを繰り返そうが、政府が自国通貨建てで発行した日本国債は何の影響も受けないわけだが、政府や民間が「外貨建て」もしくは「共通通貨建て」でお金を借りざるを得ない国は、そうはいかない。格付け会社の「格下げ」により、金利上昇などの「ペナルティ」を受けることになる。

日本やアメリカはともかく、外貨建てや共通通貨建てで政府が「国際金融市場」からお金を借りている国は、格下げによる金利上昇はやはりダメージになる。最悪、２０１２年のギリシャのように、国債金利が急騰し、財政破綻する羽目になってしまう。

格付け会社の「意向」に沿い、ペナルティを避けるためには、国債を「国際金融市場」に発行している各国の政府は、フリードマンの言う「黄金の拘束衣の『黄金律』」を採用しなければならない。『レクサスとオリーブの木』によると、「黄金律」とは、以下の政策パッケージである。

・経済成長を推進する第一エンジンに民間セクターを置く
・インフレ率を低く抑え、物価を安定化させる
・官僚体制の規模を縮小する
・可能な限り健全財政に近い状態を維持する
・輸入品目への関税を撤廃するか低く下げる

・外国からの投資に対する規制を取り除く
・割当制度と国内の専売制を廃止する
・輸出を増やす
・国有産業と公営事業を民営化する
・資本市場の規制を緩和する
・通貨を他国通貨と交換可能にする
・国内の各産業、株式市場、債券市場への門戸を開放し、外国人による株の所有と投資を奨励する
・国内の競争をできる限り促進する
・政府への献金やリベートといった腐敗行為をできるだけ排除する
・金融機関や遠距離通信システムを民営化する
・競合する年金オプション、外国資本による年金、投資信託という選択肢を国民のまえにずらりと並べ、選択させるようにする

まさに、我が国が長年かけて受け入れてきた「構造改革」のメニューそのままである。

中曽根政権以降の我が国では、「小さな政府」が正しいとされ、日本電信電話公社や国鉄が民営化された。塩専売制度は橋本政権下の97年に廃止され、同時に橋本政権は「行政改革」と称し、省庁を再編。官僚体制の規模を縮小した。

95年の村山内閣・武村正義大蔵大臣の国会における「財政破綻宣言」以降、大蔵省（後に財務省）が財政破綻キャンペーンを展開。消費税が増税され、様々な緊縮財政が実施された（結果、日本経済はデフレ化した）。

GATT、WTO、あるいは各国とのFTA交渉を通じ、各種の関税が引き下げられるか、もしくは撤廃された。さらに、TPP交渉では、農業や繊維、工業製品の関税を「ゼロ」にすることが検討されている。

ニクソン・ショック以降、対ドル固定相場が廃止され、資本の国境を越えた移動が自由化されていった。国内投資に際した外資規制は、一つ、また一つと撤廃されていき、今や中国人の「水源」買収や、韓国人の「対馬への投資」が問題視される状況になっている。対馬の自衛隊基地の周囲の土地を韓国人が購入することすら、規制が事実上、できないわけだから、異常極まりない。

橋本政権の金融ビッグバンにより、一般人の為替取引も自由化され、FXの業態が誕生した。護送船団方式が破壊され、各金融機関は激烈な競争にさらされ、合併、再編が相次ぎ、一部は外資の傘下に墜ちた。また、日本国内に外資系の生命保険会社、年金会社が参入。次第にシェアを拡大していく。

小選挙区制導入と同時に始まった政党助成金制度により、政治家は個別に企業からの献金を受けることが不可能になった。

すでに何度も触れた通り、日本の株式市場における外国人投資家のパワーが、バブル崩壊以降に強まっていった。すでにして、日経平均は「為替レート」と「外国人投資家」に完全に依存してしまっている。

２００１年10月、「確定拠出年金法」が施行された。いわゆる日本版４０１kにより、国民は企業年金について「選択」することが可能となった。保険や銀行業務同様に、年金業にも当たり前の話として外資系が参入。日本企業のシェアを容赦なく奪い取っていった。

結局のところ、日本は安倍総理大臣ひとりが「黄金の拘束衣」を身にまとっている、という話では必ずしもないのだ。数十年にわたり、我が国政府が「国家」として、一枚、また一枚と黄金の拘束衣を身に着けていった結果、政治家が「外国人投資家」「格付け会社」の影響を（本来は受ける必要がないにもかかわらず）大きく受けるようになったというのが実態なのだろう。

黄金の拘束衣の「黄金律」の中で、特に注目して欲しいポイントは、

「インフレ率を低く抑え、物価を安定化させる」

「可能な限り健全財政に近い状態を維持する」

の二つである。「物価を安定化させる」「健全財政を維持する」。「黄金律」は総じてインフレ対策なのだ。すなわち、インフレギャップが存在し、物価を抑制、もしくは安定させることが必要な環境下におけるソリューションなのである。

上記二つ以外にしても、全てインフレ対策だ。市場の競争を激化させ、生産性を高めることで潜在ＧＤＰ（供給能力）を引き上げ、物価の抑制を目指す政策のメニューばかりが並べられている。

すでに解説した通り、発展途上国では潜在ＧＤＰが不足している。というよりも、潜在ＧＤＰが不足しているからこそ、発展途上国なのだ。国民経済の供給能力が総需要に対し不足しがちな発展途上国は、基本的にはインフレ経済となる。すなわち、インフレギャップが存在している。そこでは供給能力が総需要を満たせないため、インフレ率が上昇すると同時に、貿易赤字が拡大する。国内の供給能力で需要を満たせない以上、外国からの輸

入を増やすしかない。

すると貿易赤字増加が原因で、経常収支の赤字が膨張する。経常収支とは、貿易収支、サービス収支、所得収支、経常移転収支の四つからなるのだ。

経常収支の赤字化は、統計的に「対外純負債の増加（もしくは対外純資産の減少）」になる。現在の日本は世界一のお金持ち国家（対外純資産が多い）だが、これは長年の経常収支黒字が積み重なった結果である。

経常収支の赤字は、国内の貯蓄不足を意味する。貯蓄不足の国は、政府が国内で十分な資金を調達することができない（統計的に必ずそうなる）。

対外純負債国の政府が、官僚機構を肥大化させ、過度な財政支出を目論むと、当然、外国から「外貨建て」でお金を借りる羽目になる。政府が外貨建て負債を増やしていき、グローバリズムの警察犬たる格付け会社に目を付けられ、「黄金律」を守っていないという理由で格下げされると、

「ボンッ！」

というわけである。すなわち、政府が債務不履行となり、財政破綻する。

逆に、素直に「黄金律」を守るとどうなるか。それまでは締め出されていた形になって

いたグローバル資本が、国民経済に雪崩れ込んでくることになる。国営企業を民営化し、株式を公開すると、資本移動の制限をかけない場合、国家の重要な資産が外国資本の手中に落ちていく。為替も投資も自由化されているため、巨大なグローバル資本が国内の重要資産を買い占める行為を止める手段はない。

無論、国家の資産のみならず、国内企業にもまた、グローバル資本が流れ込む。97年のアジア通貨危機でＩＭＦ管理に陥った韓国は、まさに上記の「黄金律」を強制された結果、国内大手銀行のほとんどが外資の手に落ちた。さらに、サムスン電子や現代自動車、ポスコといった大企業も、株式の50％前後を外資系に支配されている。

結果、政府が外国資本、さらには格付け会社の意向に逆らうことが難しくなり、国民は経済的主権を失う。グローバリズムが蔓延した世界において、発展途上国は「行く（「黄金律」を採用する）も地獄、行かず（「黄金律」を採用しない）も地獄」という状況に置かれるのだ。

いずれにせよ、「黄金の拘束衣の『黄金律』」は、国民経済の供給能力が不足し、経済がインフレ気味の発展途上国向けの施策である。発展途上国が「黄金律」を採用することで、経済をグローバル資本に支配され、経済的主権を喪失する代わりに、インフレ率を抑制できる、という話に過ぎないのである。まさに、これこそがグローバリズムの本質だ。

問題は、国民経済の供給能力が十分で、それどころかバブル崩壊と緊縮財政で「デフレーション」に陥った「先進国」までもが、なぜか黄金の拘束衣を身につけているという点だ。そもそも、黄金の拘束衣など不要であるにもかかわらず、デフレ経済下で「黄金律」を採用し、緊縮財政や様々な「改革（という名の「黄金律」）」を断行し、競争を激化させることで、デフレを深刻化させる。

デフレが深刻になると、国民経済は成長しない。経済が成長しないことを理由に、「更なる緊縮財政が必要だ。増税だ、公共投資削減だ」「更なる構造改革が必要だ。聖域なき規制緩和、岩盤規制をドリルで貫く」などと、「黄金律」に基づいた政策を推進。状況をひたすら悪化させていく「先進国」が存在しているわけである。

もちろん、我が国のことだ。

改めて、「黄金律」の「可能な限り健全財政に近い状態を維持する」に注目したいのだが、日本の大蔵省は省庁再編で、２００１年に「財務省」となった。

財務省はいかなる法律に基づき、設置されたか。財務省設置法である。

財務省設置法の第３条「任務」に、財務省の役割について以下の通り定義されている。

（任務）第3条　財務省は、健全な財政の確保、適正かつ公平な課税の実現、税関業務の適正な運営、国庫の適正な管理、通貨に対する信頼の維持及び外国為替の安定の確保を図ることを任務とする。

ちなみに、財務省発足前の「大蔵省設置法」では、大蔵省の任務は以下の通りになっていた。

（任務）第3条　大蔵省は左に掲げる事項に関連する国の行政事務及び事業を一体的に遂行する責任を負う行政機関とする。

1　国の財務　2　通貨　3　金融　4　証券取引　5　造幣事業　6　印刷事業

おわかりだろう。「大蔵省設置法」では単なる「業務」だった任務が、「財務省設置法」では「財政健全化」という「考え方」あるいは「価値観」に変貌をとげたのだ。

何のことはない。日本の財務省の設置法そのものが、「黄金の拘束衣の『黄金律』」を身にまとっているのである。橋本政権の「行政改革」の際に、「黄金律」に基づいた「考え方」がインプットされたのだ。

そもそも、財務省の「任務」の一つに、健全な財政の確保が明記されているわけである。「健全な財政」とは曖昧な表現だが、「黄金律」に従って理解すると、意味が明確になる。すなわち、常に「インフレ率の抑制」を目指すことだ。

少なくとも財務官僚は「財政均衡主義を貫き、インフレ率を下げること」と、解釈しているようだ。そこに、国民経済を成長させるという「考え方」は存在しない。目標はあくまでインフレ率の抑制であり、所得の拡大ではないのだ。

結果的に、財務省は、省設置法という「法律に忠実に」財政均衡主義を維持し、常に「増税」と「政府の支出削減」を推進する。念のため書いておくが、健全なインフレ率の下で、日本経済が堅調に成長している環境下ならば、財務省が「増税」や「政府支出削減」に邁進しても、一向に差し支えがない。むしろ、インフレ期の緊縮財政は、総需要を抑制することでインフレ率を「落ち着かせる」ことになり、適切な政策である可能性があるのだ。

「常に、インフレ率抑制を目指す」

という点が問題なのである。何しろ、デフレ期には「インフレ率を引き上げること」が正しい政策となる。それにもかかわらず、財務省は野田政権、安倍政権を動かし、14年4月に消費税を8％に引き上げることに成功した。結果、日本の国民経済は、再び「デフレ化」の道をひた走っている。

もっとも、消費税の場合は、実はインフレ期であっても必ずしも「適切な税金」とは言えない。何しろ、税金の役割は「政府の歳出の財源」だけではないのだ。所得税や法人税は、基本的には累進性が存在している。すなわち、所得が多ければ多いほど、法人税率や所得税率が高くなるのだ。

逆に、赤字企業は法人税を支払わず、失業者は所得税を徴収されない。

「不公平だ」

と、思うかも知れないが、実は法人税や所得税には「ビルト・イン・スタビライザー（埋め込まれた安定化装置）」の機能があるのである。すなわち、所得税や法人税は、「所得が多い人は税率が高まり、所得が少ない人は税率が下がるか、もしくは徴収されない」というわけで、社会の所得格差を是正する機能を兼ね備えているのだ。所得格差があまりにも開いてしまうと、間違いなく社会は不安定化する。そのため、累進方式の税金により、所得の再分配を実施し、格差の是正を図るわけである。

しかも、所得税や法人税は、景気が過熱し、国民があまりにも莫大な所得を稼ぐようになったとき、累進制により「勝ち組」の負担を重くすることで、経済を鎮静化させる方向に導く。逆に、不況下では「負け組」である赤字企業や失業者の負担を軽くすることで、彼らの復活を早める。所得税や法人税には、格差を是正し、景気を調整する「安定化装置」

としての機能が埋め込まれている。そもそも、税金の目的の一つに、「経済や社会を安定化させること」があるのだ。

それに対し、消費税にはビルト・イン・スタビライザーの機能がない。それどころか、消費税は、

「消費をすると、所得とは無関係に税率に基づき徴税される」

税金であるため、消費性向（所得から消費に回す割合）が高い低所得者層ほど、税負担が重くなってしまう。支払った消費税の「税額」と所得を比べると、実質的な税率は高所得者層が低くなり、低所得者層が高くなるのだ。消費税は、逆累進課税と言える。

消費税はそもそも中間層以下の消費性向が高い層にとって税負担が重い、逆累進性という欠陥を持っている税制なのである。さらに、景気を安定化させる機能も持っていない。

とはいえ、景気と無関係に徴税できるということは、財政均衡主義を標榜する財務省にとっては、好ましい「安定財源」という話になる。不況下であっても、ある程度の税収が見込めるのが、消費税なのだ（その分、不況下で負け組の税負担が重くなっているわけだが）。

消費税は、何しろ消費をすれば国民が平等に徴収されるので、ある意味で公正、公平な税金だ。この「公正、公平な徴税」という考え方が、現在の主流派経済学である新古典派

経済学をベースとした「グローバリズム」の思想とマッチしてしまうのである。

「黄金律」からも明らかな通り、グローバリズム、あるいは「市場原理主義」の世界では、可能な限り「小さな政府」を目指そうとする。官僚機構は小さくし、政府の徴税はできるだけ減らし、支出も絞り込む。

「黄金律」の思想的バックボーンである新古典派経済学など主流派経済学の多くは、いわゆる「夜警国家」を理想としているのだ。夜警国家とは、政府の役割は「外国からの防衛」「国内の治安維持」「必要最小限の公共事業」のみに限定されるべきという国家観である。

逆に言えば、どれほど頑迷な市場原理主義者とはいえども、最低限のサービス（防衛、防犯、防災等）を供給するという、政府の役割は認めていることになる。政府が必要最小限のサービスを供給するためには、やはり「税金」が必要だ。

ちなみに、税金とは、

「政府が法律で国民が稼いだ所得の一部を徴収するという規制」

になる。というわけで、実のところ法人税減税（無条件の法人税実効税率引き下げ）も、規制緩和政策の一種なのだ。税金を徴収するという「政府の規制」を緩和するのである。

さて、新古典派経済学は国民が稼いだ所得について、

「何に使うかを市場に任せれば、最も経済が効率化される。逆に、政府の恣意的な使い方が増えるほど、経済は非効率になる」

という考え方を持っている。そのため、法人税や所得税は、累進性を弱めるどころか、いっそ「ゼロにするべき」と考えるのである。

「政府に所得の一部を税金として納めたところで、無駄な使い方ばかりをする。故に、所得税や法人税をゼロにし、使い方を市場に委ねるべき」

という話だ。

もっとも、夜警国家であったとしても、最低限の税金は国民から徴収しなければならない。さもなければ、防衛、防犯、防災等の安全保障が消滅し、国家として成り立たない。防衛支出をゼロにした国は、瞬く間に他国の侵略を受け、滅びてしまうだろう。

最小限の政府サービスを維持するために、国民から何らかの税金を徴収する必要があるのだ。とはいえ、国民が稼いだ所得は、可能な限り国民に使わせるべきで、さらに、所得を多く稼ぐと税額も大きくなるのでは、国民の雇用に対するモチベーションを減らしかねない。税金は「所得とは無関係に、平等に」徴収するべきなのだ。

……という考え方に基づき、経済学者たちは「人頭税」を主張する。人頭税とは、所得金額と関係なく、「一人頭・幾ら」で税金を取るシステムである。とはいえ、何しろ民主主義国は「一人一票」の世界である。所得が多い人も、少ない人も、同じ「一票」を持っているのが民主主義国家なのだ。

民主主義の政治制度の下で、所得と無関係に徴収される人頭税を導入することは、政治的に困難を極める。ちなみに、典型的な新自由主義政権であったイギリスのサッチャー政権は、冗談でも何でもなく本当に人頭税を導入し、支持率が急落して崩壊した。

民主主義国において、人頭税は政治的に導入が困難である以上、最低限の政府サービスを維持するためには、何か別の「平等な」税制が必要になる。そこで、経済学者が好む税制が「消費税」なのである。

法人税の実効税率引き下げや所得税の累進性の緩和が、毎回、消費税増税と組み合わせられるのは、経済学が元々「法人税ゼロ、所得税ゼロ、税金は人頭税のみ」を理想としているためなのだ。所得と無関係に「消費」に対して課税される消費税は、他の税金と比べて確かに「平等性」が強い。さらに、人間の数で税金額が決まる人頭税と同様に、国民経済の支出面で最大規模を占め、それほど激しく増減しない消費にかけられるため、「安定財源」であるのも確かだ。

さらにいえば、国境を越えた「資本の移動」が自由化された世界では、企業は「いざ」となれば、工場を外国に移してしまうことができる。特に、グローバルを市場とする大手企業は、何も国内に拠点を維持しておく必要はないのである。大手企業は法人税を引き上げると、もしくは法人税を「引き下げないと」、外国に出て行ってしまうかも知れない。

資本移動が自由化された世界では、本来は味方であるはずの「国内の大手企業」までもが、政府に黄金の拘束衣を着せかけてくるのだ。実際に、国内企業が全面的に拠点を海外に移してしまうかどうかは別として、

「法人税を引き下げなければ、外国に本社を移す」

と、脅しをかけることはできる。

「それは困る！」

と、政策当局が考えたとき、法人税の引き下げに動かざるを得ない。また一枚、黄金の拘束衣を着こむことになるわけだ。

「外国」よりも法人税率が高いと、グローバル企業が自国から出て行ってしまうのではないかと怯《おび》えた政治家や官僚は、法人税の無条件の引き下げに動き、その「代替財源」として狙いをつけられたのが、国民の消費という話なのである。すなわち、消費税だ。

グローバル企業は海外に拠点を移すことができるかも知れないが、国民は無理だ。グローバル化だ何だ、と言われたところで、国内で所得を稼ぎ、消費し、生きていくしかない国民がほとんどなのである。

というわけで、

「税金は逃げられない連中から、より多く徴収すればいい。その分、法人税を引き下げ、『我々』の所得を増やすのだ」

と、考えたグローバリストたちと、財政均衡主義に染まった財務省の思惑が一致してしまったのだ。結果、我が国では財務省傘下の財政均衡主義者たちはもちろんのこと、経団連に所属するようなグローバル企業の経営者たちまでもが揃って、

「消費税を増税しろ！」

と、主張しているわけである。

さらに、政府に影響を与える「ビジネスリーダー」の問題もある。

ノーベル経済学者のポール・クルーグマン教授が、『現代ビジネス』に掲載したコラム「東京発――経済的岐路に立つ日本の運命【第2部】ビジネス vs. 経済学（14年11月10日　現代ビジネス）」において、

「お金の面で成功しているということは、経済が実際にどう動くかを知っているということではないか？　本当のところ、答えは『ノー』だ」

と、書いていた。クルーグマン教授の真意を理解すると、黄金の拘束衣の問題がいかに厄介であるかが理解できる。

上記のコラムにおいて、クルーグマン教授は、

「ビジネスリーダーたちは、問題を抱えている時期には特に、経済についてとてつもなく間違ったアドバイスをすることがよくある。そしてその理由を理解することが重要なのだ」

とも書いている。

ビジネスで成功した経営者が特に勘違いをしがちなのだが、国民経済において、生産されるモノやサービスの消費者は、そのほとんどが「生産者自身」なのである。どういうことか。

企業にとってビジネスの顧客（企業、消費者等）は、その多くが「会社の外」の人々になる。すなわち、企業の従業員ではない。もちろん、従業員が自社製品、自社サービスを買うケースもあるだろうが、全体から見たらわずかな割合に過ぎない。

すなわち、企業にとって所得を稼ぐ相手は「会社の外の膨大な人々」なのである。露骨

な書き方をさせてもらうと、企業が人件費を削減したとしても、従業員の志気はともかく、売上にはほとんど影響しない。それどころか、費用削減により利益は増える。

給料を引き下げられた従業員が、自社製品・サービスを購入することを控えても、誤差程度の影響しかない。それに対し「国民経済」というマクロな視点で見ると、消費者のほとんどは生産者なのである。生産者の所得が削られていくと、消費者としてモノやサービスの購入が困難になる。結果、生産者の所得はますます削減されてしまう。

しつこいほど強調したいのだが、所得とは国民が生産者として働き、モノやサービスという付加価値を生産し、誰かが消費、投資として支出して初めて創出される。国民経済全体を鳥瞰《ちょうかん》すると、生産者と消費者は同一人物なのだ。

そして、国民経済における「最大の消費者」は、政府である。日本政府の場合、何しろ年間の予算は100兆円規模だ。「企業の感覚」で国民が政府に予算を削ることを求め、政府がそれに応じると、影響は日本国内の広い範囲に及ぶ。より具体的に書くと、政府の支出から所得を得ている無数の企業の所得が減少してしまう。

あるいは、政府が国内の労働者の実質賃金を引き下げる政策を講じると、「会社の外」の膨大な数の生産者の所得が減ってしまう。「膨大な数の生産者」は、「膨大な数の消費者」

でもあるわけだ。実質賃金引き下げ政策で、人件費を削減することができた企業は一時的には喜ぶかも知れないが、何しろ自社の従業員のみならず「膨大な数の消費者」の所得が減少しているのだ。当然、消費者の所得減少を受け、売上や利益が激減する企業が、いずれは続出する羽目になる。

無論、企業経営者が短期的な利益を追求した場合、人件費削減で利益を拡大することは可能だ。「ビジネス」という視点で見れば、人件費削減は正しい経営手法なのかも知れない。

ところが、ミクロ（個別）の企業にとって「所得（利益）」を増やす合理的な人件費削減が、国民経済というマクロに合成されると、中長期的には「全ての企業の売上が減る」という、実に非合理的な結果をもたらしてしまうのである。これもまた、合成の誤謬の一種だ。

多くの経営者、特に株主資本主義が蔓延し、政府が「黄金の拘束衣」をガッチリと着込むに至った国の経営者は、視点が短期化する。彼らにとって、自分たちは懸命に費用を削減し、利益を捻《ひね》り出している以上、財政赤字を積み重ねる政府は許されざる存在に思えてくるのだ。特に、長引くデフレで売上を増やしにくい環境下で、日々、苦労を続けるビジネスリーダーたちは、なおさらそう思ってしまう。

というわけで、国民経済のパイであるＧＤＰが増えにくいデフレ期であるにもかかわら

ず、経営者たちは政府に対し、

「政府は無駄遣いをやめろ。支出を切り詰め、増税し、財政を黒字化しろ」

と、圧力をかける。

経営者たちの圧力に屈し、実際に政府が増税や公務員削減、公共投資削減といった緊縮財政を実施すると、多くの国民の所得が減少し、企業の製品やサービスが売れにくくなる。製品やサービスが売れなくなると、業績が悪化した企業の経営者は、なおのこと費用の削減に苦しみ、財政赤字を増やす政府がなおさら許せなくなり、「政府は無駄遣いをやめろ」と、更なる緊縮財政を要求する。話が、いつまでたっても終わらない。

いずれにせよ、国民経済の「成長」を求める企業経営者たちと、成長を無視して財政均衡主義を貫く財務省とで「意見が一致する」という、極めて不可思議な状況が生まれるのだ。経団連に所属するような大企業の経営者たちが、

「消費税を増税するべきだ」

「政府の無駄を削減するべきだ」

などと発言するのは、彼らにとってそれが「経営的」に正しいためである。とはいえ、経営と経済は異なる。

結局のところ、ビジネスリーダーの多くが「企業の目的」と「政府の目的」を混同していることが問題なのだ。企業の経営目的は、利益の最大化である。それに対し、政府の目的は利益ではない。そもそも、政府とは中央政府にしても、地方自治体にしても、NPO（非営利団体）なのだ。

NPOは利益を目的としない団体である。とはいえ、もちろん利益以外の何らかの目的が存在する。政府の場合は、経世済民だ。すなわち「国民を豊かにするための政治を執り行うこと」になる。この経世済民こそが、「経済」の語源である。経済とは、元々、国民を豊かにする政治を意味し、利益を追求する経営とは別の概念なのだ。

日本政府の場合、国債が100％自国通貨建てで、かつ独自通貨国である以上、「国民を豊かにする」ためであれば、財政は赤字でも構わない。もちろん、黒字でも構わないわけだが、いずれにせよ財政の均衡（プライマリーバランス黒字化）は政府の目的ではない。目的はあくまで経世済民だ。

政府と企業とでは、目的が異なる。この当たり前の事実を、政治家や経営者たちが理解しない限り、現在の日本の経済政策の混乱が、終わりを迎える日は来ないだろう。

おわりに　実質賃金を下げる政策を「やらない」ために

さて、第三次安倍政権下で問題視されることが確実な我が国の「実質賃金の低下」であるが、解決策は単純。「仕事（需要）」に対し、「ヒト」というリソースが不足する状況にすればいいのである。すなわち、人手不足の環境こそが、あるいはより厳密にいうと、「人手不足の環境で、国民や政府がモノやサービスに適切なお金を支払うことに納得する」環境が生じたとき、初めて実質賃金は上昇に転じる。裏を返せば、単純に物価を引き上げれば、実質賃金も上昇するかといえば、そんなことはないという話だ。

２０１４年12月９日。牛丼チェーン大手の吉野家が、牛丼の並盛りを税込み３００円から３８０円にするなど、牛肉を使ったメニュー25品を30～１２０円、値上げすると発表した。

吉野家が値上げを決断した理由は、人件費の上昇というよりは、円安に加え、天候不順でアメリカ産牛肉が値上がりしているためだ。吉野家が輸入している米国産冷凍牛肉の相場が、13年９月の１キロ５５０円から、14年10月には１０８０円になったとのことである。

「アメリカ産」の牛肉価格上昇で吉野家が値上げをしたとしても、別に日本国民の所得が増えるわけではない。増えるのは「アメリカの畜産農家」の所得だ。

アメリカ産牛肉の値上がりや円安による輸入価格上昇を受け、例えば吉野家が、

「日本の国産牛肉に、主力牛肉を切り替える」

ことを決断してくれれば、今度は日本国民の所得が増える。日本の畜産農家の「需要」が増えたという話になるためだ。これまで、我々が牛丼を食べる際に「消費」として支払っていた代金の一部が、アメリカではなく、日本の畜産農家に渡ることになるのだ。すなわち、日本の畜産農家の「所得」が創出される。

もっとも、アメリカ産牛肉が値上がりしたにもかかわらず、今のところ吉野家が国産牛肉に変えるというニュースは流れていない。日本国民の実質賃金を引き上げるには、

「日本国民の雇用が増える」

形で、モノ不足、サービス不足、人手不足な環境にならなければならないのだが。

今後の日本は生産年齢人口比率の低下により、人手不足が深刻化することが確実だ。とはいえ、現在の日本は国民が「デフレマインド」に冒されてしまっている。人手不足により人件費が上がったとしても、消費者が「値上げ」を受け入れることができなければ、企

業は価格引き上げに動けない。

例えば、国土交通省の「輸送の安全向上のための優良な労働力（トラックドライバー）確保対策の検討報告書」によると、将来のトラックドライバーの需給について、他産業との「賃金格差」が縮まらない場合、２０１５年度に約14万人のドライバーが不足すると予測されている。運送サービスは、団塊の世代のドライバーが一斉に退職したこともあり、極端なドライバー不足に陥ってしまっているのだ。ドライバーの「奪い合い」はすでに始まっており、運送サービスの賃金水準は上昇傾向にある。

さらに、昨今の円安で燃料費（軽油）が高止まりし、運送サービスは「人件費高騰」と「燃料費高騰」と、二つの費用上昇の直撃を受けているのだ。運送サービス業は「顧客」である小売サービス業に「サービス価格の引き上げ」を要請しているが、なかなか思うように値上げできないでいる。特に、大手になればなるほど、小売業者は値上げを受け入れないという。

理由は、そもそも消費者側にデフレマインドが蔓延しているため、小売価格の引き上げを「受け入れないのではないか？」と、小売業が怯えているためである。末端の消費者物価が十分に上昇しなければ、運送サービスは「費用側」と「顧客側」に挟まれ、疲弊する一方になってしまう。

我が国ではこれほど長期間にわたり、デフレーションが続いたのである。大手スーパーマーケットなどが値上げによる売上低下を恐れる気持ちはわからないでもない。実質賃金の引き上げは、

「需要が明らかに供給能力を上回っている」

分野において、最も余裕がある経済主体が率先して実施するべきである。最も余裕がある経済主体とは、もちろん通貨発行権という大権を（日銀を通じて）持つ政府である。

そして、現代の日本には、「政府が人件費の単価を決める」産業というものがあるのだ。代表が公共事業、介護、医療など、GDP上の「政府最終消費支出」もしくは「公的固定資本形成」に計上されるサービスになる（ちなみに、公務員給与も、政府最終消費支出に含まれる）。

消費税増税前の日本国内では、公共投資の需要拡大により、土木・建設分野の人件費が上昇していっていった。「市場の力」により、人件費が上がっている以上、政府の発注価格（特に、労務単価）も引き上げなければならない。さもなければ、必要な公共事業ができない、という話になってしまう。

というわけで、日本政府はすでに二度、公共事業の労務単価を引き上げた。労務単価の

引き上げとは、すなわち、

「同じ事業を、より（政府が）高く買う」

という意味であり、実質賃金の上昇を目指す国にとっては、適切なソリューションだ。未だに労務単価はピークよりもかなり低いのだが、少なくとも方向は間違っていない。現在の日本にとって必要なのは、誰か（民間でも構わない）が、

「同じモノ、サービスを、それまで以上の値段で買う」

ことなのだ。徴税権、通貨発行権という二つの強大な権力を持つ政府が、自ら「高く買う」を実施することこそが、まさにデフレ対策の王道なのである。

そして、土木・建設分野以上に「需要＞供給能力」の状況になっている「政府関連分野」が存在する。すなわち、介護だ。何しろ、高齢化社会であるため、介護の需要は今後しばらく拡大することはあっても、縮小することはない。

介護産業でも、ようやく政府が重い腰を上げ、介護職員の賃金を引き上げる方向に動き出した。

「介護職員15年度賃上げへ　政府、月1万円程度目指す」（14年9月28日付　日本経済新聞）

政府は2015年度から介護職員の賃金を引き上げる。介護サービス事業者が受け取る介護報酬に職員の賃金を増やす原資を加算する。月額1万円程度の増額を目指す。介護は人手不足が深刻なため、賃上げで人材の確保につなげる。賃金以外に払う介護報酬は抑え、介護を支えるための保険料や税の負担急増を避ける方向だ（後略）。

介護サービスの公定価格である介護報酬は、3年に一度、改定されることになっている。介護報酬の次の改定において、政府は介護職員の給与引き上げの原資である「処遇改善加算」を拡充するとのことだ。

今後の日本では、高齢者の増加により介護サービスの需要は拡大することが確実だ。それにもかかわらず、介護職員が提供する「サービス」を政府が「高く買おうとせず」、人手不足が深刻化しているのが現状なのである。日本の実質賃金低下の原因の一つは、間違いなく、

「政府が緊縮財政で、需要が拡大している分野においてまで、支出を絞り込んでいること」

なのだ。14年7月の介護サービスの有効求人倍率は、2・1倍。全産業（0・95倍）の

2倍の水準に達していた。

また、厚労省の調査によると、介護職員の平均月収は23万8千円(ホームヘルパーに限定すると21万8千円)と、全産業の平均月収32万4千円を10万円ほど下回っている。介護報酬は、政府が「政策」として増やさない限り、増えようがない。すなわち、現在の日本の介護サービスは、

「要介護者(需要)が拡大しても、介護サービス提供者に支払うお金の規模は増やさない」という、まさしく市場原理を無視した無茶をやっているわけで、人手不足になって当然だ。ちなみに、厚生労働省は介護職員の賃上げ原資を増やす代わりに、「原資以外の効率化策」を徹底しようとしている。理由はもちろん、介護報酬総額の「抑制」を求める声が少なくないためだ。財務省の財政均衡主義は、介護分野においてまで、「適切な支出」を抑え込もうとする。

介護報酬の抑制を求める声が多い理由は、相変わらず「国の借金問題」「財政破綻論」という嘘に騙されている政治家が少なくないためだ。「国の借金問題」に政治家が騙され、介護報酬を抑制すると、介護職員の人件費引上げや処遇改善は不可能になってしまう。

結果、日本の介護サービスは「供給能力不足」により維持が困難となり、

「ならば、外国移民（外国人労働者）を受け入れよう」
という声が高まっていくに決まっているのだ。

日本が黄金の拘束衣を脱ぎ捨てず、小手先の対応を続けると、間違いなく「ヒトの国境を越えた移動の自由化」という道を歩み始めることになる。結果、日本は「これまでとは違う、別の日本」に変貌することになるだろう。移民国家日本、の誕生だ。

政府はすでに「国家戦略特区」において、外国人による家事支援サービス（いわゆる外国人メイド）を解禁する方策を打ち出している。14年6月24日に公表した成長戦略（正式には『『日本再興戦略』改訂2014――未来への挑戦』）には、

○建設及び造船分野における外国人材の活用

・2020年オリンピック・パラリンピック東京大会等に向けた緊急かつ時限的措置として、処遇改善や現場の効率化等により国内での人材確保に最大限努めることを基本としつつ、建設分野において、即戦力となり得る外国人材の活用促進を図るための新制度を導入する。また、造船分野についても、同様の措置を講ずる。【2015年度初頭から開始】

○国家戦略特区における家事支援人材の受け入れ
・家事等の負担を軽減するため、国家戦略特区において、外国人家事支援人材の受け入れを可能とする。【検討を進め、速やかに所要の措置を講ずる】
○介護分野における外国人留学生の活躍
・介護福祉士等の国家資格を取得した外国人留学生の卒業後の国内における就労を可能とするため、在留資格の拡充を含む制度設計を行う。【年内目途に制度設計】』

と、建設、造船、家事支援、そして介護の４分野について、外国人労働者の受け入れを解禁、拡大する方針が明記されているのである。

第二次安倍政権は、外国移民（「外国人労働者」と称しているが）の受け入れ策に加え、

・派遣労働の拡大：労働者派遣法の改正。人が変われば、企業が三年を超えて同一職場で派遣社員を受け入れることを可能にする

・労働時間規制の緩和：ホワイトカラーエグゼンプションとも。いわゆる「残業代ゼロ制度」。第二次安倍政権期に、一部の企業に特例的に認める方向で検討されていた。
・配偶者控除の廃止：やはり第二次安倍政権期に検討されていた。

などなど、まさしく怒涛の勢いで労働規制を緩和する政策を俎上《そじょう》にあげてきた。第三次安倍政権下でも、労働規制緩和の政策推進の勢いが止まることはないだろう。

当たり前のことだが、労働規制を緩和すると、

「労働市場における労働者（外国人労働者含む）同士の競争が激化する」

結果、賃金は下落方向に向かう。企業がなかなか価格を上げられない状況にあるとはいえ、名目賃金が下落すると、当然の結果として実質賃金は低下する。現在の実質賃金の下落は、

「名目賃金の上昇率が、物価の上昇率に追いつかない」

形で起きているが、2015年以降は、

「物価は横ばいを維持する中、名目賃金が下落する」

形になるだろう。最悪、

「物価は下落するが、それ以上のペースで名目賃金が落ち込む」

という、デフレ型の実質賃金下落局面に陥る可能性もある。

いずれにせよ、安倍政権下で推進される各種労働規制の緩和が「実質賃金切り下げ政策」であることを、国民はしっかりと認識する必要がある。安倍政権が労働規制を緩和し、賃金に下落圧力を加えると、国民は貧困化する。

反対側で、「短期の利益」を求める大手企業、さらには人材派遣会社など「手配師」的なサービスを提供している企業は儲かる。すなわち、所得を増やす。

そういう意味で、人材派遣大手パソナの取締役会長である竹中平蔵氏が、第二次安倍政権期に産業競争力会議に「民間議員」として参加していたのは、民主主義的に極めて問題がある。竹中平蔵氏こそが、日本国に「黄金の拘束衣」を着こむに際し、グローバル資本側から見た最大の「功労者」なのではないかと、筆者は睨んでいる。

第二次安倍政権下で、確かに失業率は改善した。とはいえ、雇用の「質」という面で見れば、誉められた状況ではない。

次々ページ【図23】の通り、正規社員が３２２０万から３３３０万人の間を「横ばい」で推移する中、非正規社員は１８２０万人から１９８０万人に増えている。第二次安倍政権下の失業率の改善は、主に非正規雇用の拡大によるものなのだ。

無論、だからといって、「第二次安倍政権期の雇用改善には意味がない」などと、極論を言いたいわけではない。今後の日本政府は、失業率の改善と共に「雇用の質」を重視するべきと主張しているに過ぎない。

当たり前だが、実質賃金を安定的に引き上げていくためには、非正規雇用ではなく「正規雇用」を増やさなければならない。そのためには、政府が「名目ＧＤＰ」という総需要を増やし、医療や介護、公共事業などにおいて、率先して労務単価を引き上げると同時に、「実質賃金を切り下げる政策をやらない」ことが、極めて重要になる。

現在の日本にとって、実質賃金を引き下げる労働規制の緩和は、ソリューションとして間違っている。むしろ、政府は総需要拡大策と同時に、労働規制を「強化」するべき時期なのだ。単純に労働規制を強化するだけでは、企業が人件費上昇圧力を受け止めきれないため、同時に「仕事を増やす（＝総需要の拡大）」必要がある。

総需要拡大政策と、労働規制強化を同時に行う。これこそが、日本国民の実質賃金を最も短期間で引き上げるための「一本道」である。

図23　日本の正規社員・非正規社員の推移（単位：万人）

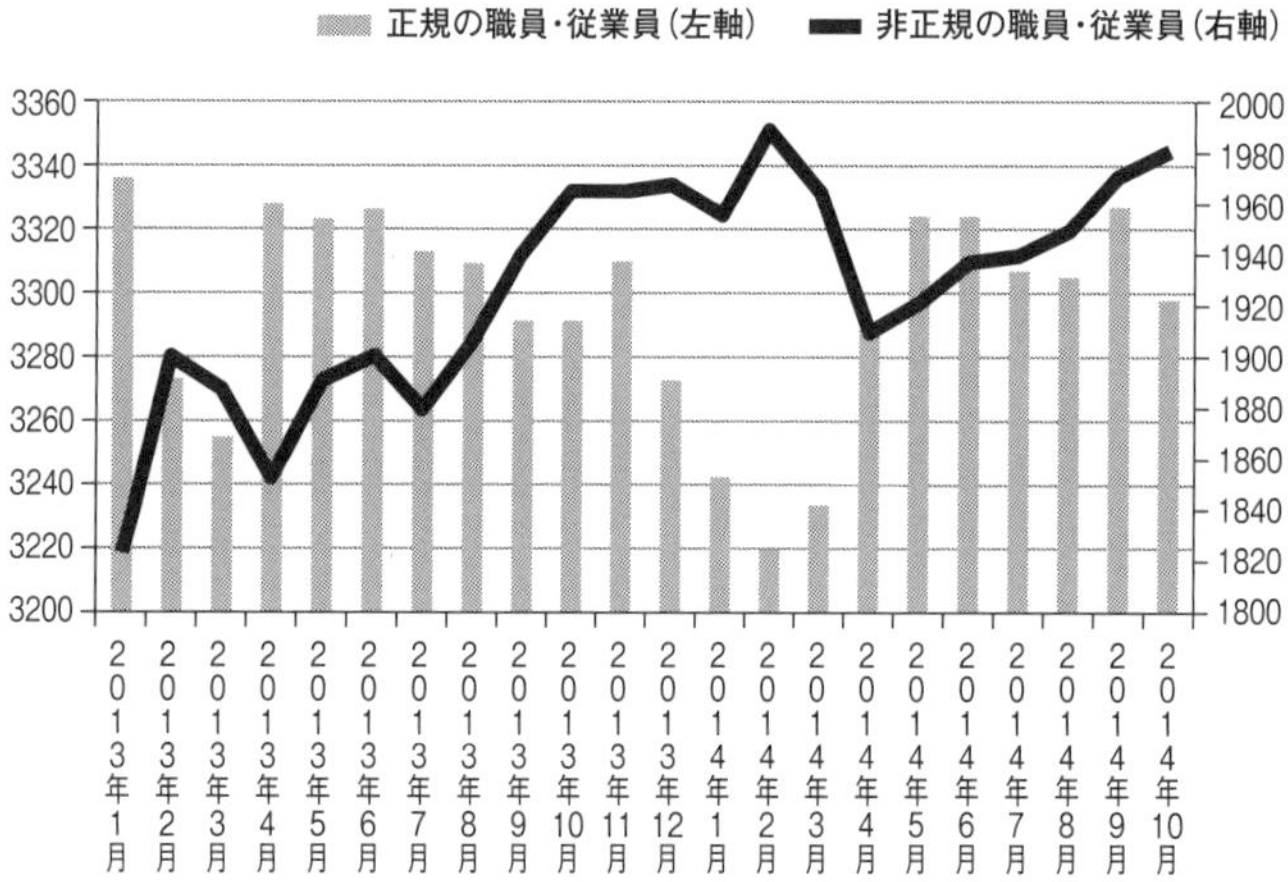

出典：厚生労働省

正しい政策を推進すると同時に、間違った政策をやらない。

当たり前といえば、当たり前なのだが、昨今の日本政府の政策を見ると、この「基本」が混乱しているように見える。例えば、デフレ脱却を標榜する政権が、同時に「TPP」という自由貿易政策を推し進めたりしているわけだ。

TPPは、関税や「非関税障壁」を引き下げ、もしくは撤廃し、輸入品の価格競争力を高めるため、日本国内で生産されるモノ、サービスに対し「値下げ」圧力となる。ところが、経済学者は関税引き下げによる「個別価格」の低下は、「一般物価」の低下であるデフレーションとは無関係、などと主張する。

確かに、例えば農業分野の関税が撤廃され、外国からの安価な農産物が日本に流れ込んできたとして、消費者が、

「農産品を安く買えた。浮いたお金で別のモノやサービスを買おう」

という消費行動を採ってくれたならば、全体としての「一般物価」は低下しないかも知れない。とはいえ、現実には「貯蓄」という経済行動があるのだ。

消費者が外国産の農産物を「安く」購入し、余ったお金を貯蓄してしまったとする。「浮

かせたお金を、貯蓄する」という国民の経済行動がマクロに合成されると、一般物価の低下圧力が生じるに決まっている。

そもそも、日本の経済学者が問題なのは、

「TPPで関税が撤廃されても、単なる個別価格の下落が生じるだけで、デフレ圧力は発生しない」

と言いつつ、同時に、

「原油価格高騰で輸入物価が上がり、消費者物価が上昇している」

などと平気で言ってのける点だ。関税撤廃による個別価格の下落が、全体の物価水準に影響しないならば、逆に「原油価格上昇」もインフレ圧力にはならないはずである。

さらに、経済学者は例により「完全雇用」を前提としているため、

「TPPで外国農産品との競争に負け、日本の農家が廃業したならば、即座に別の職に就けばいい」

などと平気で言ってのける。セイの法則が成立していない環境下で競争を激化させ、労働者の仕事を奪うと、単に失業者が増えるだけだ。失業者は消費や投資を減らすため、総需要（名目GDP）は縮小し、デフレは深刻化する。

現在の世界は、

「新古典派経済学に代表される主流派経済学」

と、

「利益を追求するグローバル投資家と経営者」

たちの都合が一致し、各国の政府が「黄金の拘束衣」で身動きが取れない、あるいは「自国の問題を解決しない」行動を強制されている状況にある。「黄金の拘束衣」を脱ぎ捨てるには、国民や政治家が上記の類の「経済学者たちの奇妙な考え方」を否定し、「常識に基づく考え方」に戻る必要があるのだ。

いずれにせよ、思考停止が一番まずい。日本国民が経済学者やグローバリストたちが発信するマスコミ情報をそのまま受け入れることを続け、自ら考えようとしない限り、日本国が黄金の拘束衣を脱ぎ捨てる日は訪れないだろう。

本書が、日本国が「黄金の拘束衣」を脱ぎ捨て、国民が豊かになる経済を取り戻すための一助になれば、筆者としてこれにまさる喜びはない。

三橋　貴明

【著者略歴】三橋貴明（みつはし・たかあき）
中小企業診断士、経済評論家、作家。1969年生まれ。東京都立大学（現・首都大学東京）経済学部卒業。外資系IT企業等数社に勤務した後、中小企業診断士として独立。大手インターネット掲示板での、韓国経済に対する詳細な分析が話題を呼び、2007年に『本当はヤバイ！　韓国経済』（彩図社）を出版、ベストセラーとなる。以後、立て続けに話題作を生み出し続けている。データに基づいた経済理論が高い評価を得ており、デフレ脱却のための公共投資推進、反増税、反TPPのリーダー的論客として注目されている。
著書に、『愚韓新論』（飛鳥新社）、『2015年 暴走する世界経済と日本の命運』（徳間書店）、『原発再稼働で日本は大復活する！』（KADOKAWA中経出版）、『あなたの所得を倍増させる経済学』（講談社）、『コレキヨの恋文』（さかき漣との共著、小学館）、『「TPP開国論」のウソ』（中野剛志氏、東谷暁氏との共著、飛鳥新社）など多数。

黄金の拘束衣を着た首相
なぜ安倍政権は緊縮財政・構造改革を推進するのか

2015年2月6日　第1刷発行

著　者　三橋貴明

発行者　土井尚道
発行所　株式会社　飛鳥新社
〒101-0003 東京都千代田区一ツ橋2-4-3　光文恒産ビル
電話（営業）03-3263-7770（編集）03-3263-7773
http://www.asukashinsha.co.jp/

装　幀　アルビレオ
図表作成　有限会社ハッシイ

印刷・製本　中央精版印刷株式会社

ISBN978-4-86410-391-6

編集担当　工藤博海